师德铸师魂

——幼儿园教师师德教育手册

北京市东城区崇文第三幼儿园
袁春芬　金　东　主编

中国农业出版社
北　京

BIANWEIHUI

编委会

序

常言道：“学高为师，德高为范。”“教书育人，教书者必先学为人师，育人者必先行为世范。”师德是教师最重要的素质，是教师之灵魂。唐代杰出的文学家韩愈曾说：“师者，正己而正人，须身正为范、为人师表；师者，传道、授业、解惑，必勤勉治学、熟读精思。”作为教师，不仅要有扎实的专业知识，还要有高尚的职业道德，这也是习近平总书记对我们的殷切期望。师德，不是简单的说教，而是一种精神体现，是一种深厚的知识内涵和文化品位的体现！师德需要培养，需要教育，更需要提高的是——每位教师的自我修养！

幼儿教师的爱，它淡淡如烟，轻薄如丝，柔情似水，却能感动整个社会！幼儿教师是阳光下最灿烂的职业，是人类灵魂铸造的工程师，是强将、精英的奠基人。我们作为幼教工作者，有着光荣而神圣的使命。幼儿教师的工作是繁琐的，只有树立高尚师德，做诚信教师，才能永远成为孩子们的良师益友。师德建设决定教师队伍建设的成败。多年以来，北京市东城区崇文第三幼儿园（以下简称崇文三幼）非常注重对教师职业道德的培养，培养出了一批具有高尚师德、肯于奉献、默默耕耘的好教师。她们在工作中热爱并尊重幼儿，无微不至地关心、照顾幼儿，为人师表，廉洁从教，让园丁的爱在这片神圣的土地上生根、发芽。

师德对于教师来说是永恒的话题。面向未来，我们任重而道远。亲爱的老师们，我们要以陶行知先生“捧一颗心来，不带半根草去”的精神，守住心灵的净土，建设爱岗敬业、爱生如子的精神家园，努力成为有理想信念、有道德情操、有扎实知识、有仁爱之心的“四有”好教师。

让我们一齐携手努力吧！

袁春芬

2020年3月

目录

SHIDE ZHU SHIHUN
DIYIZHANG

第一章

不忘初心，党建引领——凝心聚力篇

导语：

治国安邦重在基层，党建工作最坚实的力量支撑在基层，而基层党建引领的关键是实。作为基层党支部，面对新时期教育的新任务，党支部以新思路、新机制、新手段谋划和推进幼儿园党建工作，将党的建设与发展和幼儿园日常教育教学管理、实施工作有机结合，将党员教师党性教育和教师队伍专业素养培养相结合，充分发挥示范带动作用，打造“又红又专”的教师队伍。党员干部教师自觉地用党章规范自身行为，增强角色意识和政治担当，紧密围绕教育中心工作，以服务为大局，不断开拓创新、求真务实、砥砺奋进，将“全心全意为人民服务”的誓言付诸爱岗敬业、勤恳工作的实际行动，充分发挥好党组织战斗堡垒的作用，在群众中树立新时期党员先锋模范形象，为争创人民满意的幼儿园添砖加瓦。让党员教师成为推动社会发展、促进幼儿园教育工作者的“领头羊”；让党旗始终在一线阵地高高飘扬，真正做到“一个党员就是一面旗帜，一个支部就是一座堡垒”。

一、在“育人”“化人”“立人”教育上锤炼党性

张 颖

“初心和使命是激励中国共产党人不断前进的根本动力。” 初心是我心中的灯塔，初心是鞭策我的力量。30 年前，当我第一次踏进幼教大门成为一名教育工作者时，我的初心是当一名合格的、让幼儿喜欢、家长信赖的好教师。10 年前，当我举起右手面对党旗庄严宣誓的时候，作为共产党人，我的初心是要做一名合格的、不被世俗所同化和拘泥、永葆政治本色的共产党人。身为基层党员，我时刻牢记党的宗旨，把初心和使命连在一起，在平凡的工作中执着从教、默默奉献，全心全意地为大家服务，铸就师魂。

1. 用螺丝钉精神树立党员先进形象——“愿做一颗螺丝钉，拧在哪里都要闪闪发光”

“共产党员就像钉子一样，组织把你安排在任何岗位都必须永不生锈、闪闪发光。”作为共产党员的我在平凡的工作中时刻把自己的理想、奋斗目标与党的事业、教育事业紧密联系起来，始终以饱满的工作热情和强烈的责任感，全身心地投入到各项工作中。一方面，自觉学习党的先进思想，结合实际工作领悟习近平总书记系列讲话内涵，在工作中时刻树立“党和人民的利益高于一切”和“为人民服务”的宗旨意识，努力工作、积极进取、默默奉献。幼儿园哪里缺人就到哪里去补位，不计较称谓、工种、名利、时间；任务来时，克服个人困难，主动承担工作，不求表扬、晋升；在担任教研组组长的同时，一方面，积极承担幼儿园教科研活动的设计、组织、计划与总结工作，年级组各项日常事务性工作；另一方面，承担小三班班级工作，配合原班教师开展各项日常教育教学活动及幼儿护理、习惯养成的引导，从班级环境创设到家园共育，提升家庭教育质量，不断为幼儿的成长献计献策。与此同时，我利用各种零散时间完成园本培训的组织工作、青年教师培养工作、幼儿园园本培训资料整理、幼儿园各项档案资料整理、幼儿园年鉴撰写与整理等工作。在工作面前做到关键时刻冲锋在前，在名利面前吃苦在前、享受在后，在是非面前一身正气，用自己的实际行动彰显生活朴实、忠诚对党、做事务实、无私服务的共产党人人格魅力。

在平凡工作中，我用螺丝钉精神定位自己的人生坐标，影响、带动和服务周围的人。

2. 甘为公仆，脚踏实地为居民做事——“心系社区，从点滴小事做起”

“共产党员是块砖，哪里需要哪里搬。”作为社区一员，我时刻不忘自己是一名普通公民，力争做“为人民服务”的公仆。在倡导在职党员投身社区为群众服务的过程中，我热心参与社区各项服务工作。在主动帮扶邻里有困难的家庭及行动不便的老人过程中，带头营造和睦、互助的邻里氛围；在积极参与党员献爱心活动中，以捐款、捐物传递真情和温暖；在社区大扫除、清扫楼道及责任区门前卫生的过程中，自觉维护楼道、小区卫生环境，不记名、不宣扬，默默为群众做出表率。在参与社区垃圾分类推广活动中，我和社区其他党员同志一起学习、宣传垃圾分类知识，走街串户发放宣传册，站在分类垃圾桶前指导居民分类、投放生活垃圾，在群众面前树立先进党员形象。

3. 勤恳耕耘，搭建教师、幼儿成功的舞台——“做‘润物细无声’的教育就要全心教学、专心教育、潜心科研”

立德树人、以人为本、勇于探索、善于解决问题是现代教师的根本任务，是引导幼儿心灵、开启幼儿智慧之门的钥匙，更是我永远的追求。从20世纪90年代至今，我先后参与了“幼儿园目标体系与活动设计”实验研究、“信息技术有效支持课程步点课”研究、“蒙台梭利教育本土化”研究、“借鉴多元智能理论提升幼儿责任感”研究；独立承担了“幼儿园小班生活化科学游戏材料投放”的研究工作，从跟随他人做科研到独立完成课题研究的过程中，我不断汲取新理念、摒弃旧观念，探究新方法、拓展新思路。在担任教研组长后，我带领教师开展“幼儿生活活动中常见问题及解决方法的研究”“娃娃家情景游戏环境激发幼儿学习与交往的兴趣”研究。我走进班级，走近幼儿，寻找能引起共鸣的焦点问题，在组织教科研活动中以教师为主体，以切实解决实际工作中的问题为目标，运用多种研讨形式促进教师有效研究。在参与“童心杯”教师专业技能大赛指导教师工作中，我深入班级，分析幼儿年龄特点和学习发展需要，站在幼儿的角度审视教育行为，不断调整、改进支持幼儿学习与发展的策略，探索多种形式教育引导方式，激发幼儿学习与发展的动力，使教师、幼儿和我建立起坚实的“发展金三角”，荣获北京市东城区“童心杯”教师专业技能大赛指导教师一等奖。我用实际行动践行《指南》精神，做幼儿的支持者，不断提升日常工作质量。

在实现幼教梦想、完善人生的道路上，我一步一个脚印，不断加强思想建设、专业素质的培养，打造优秀品质，努力用智慧点燃教师腾飞的梦想，做教师们教育和人生的引路人；用心呵护幼儿稚嫩的梦想，追随他们的发展足迹，聆听不同的心声，做幼儿健康、快乐发展的支持者。

二、聚焦新时代，医幼手拉手，创建教育服务新模式

张 颖 王 元

穿过北京市普仁医院门诊楼，我们来到儿科门诊区，温馨、干净、整洁的就诊环境映入眼帘。此时，儿科医护人员正忙碌地穿梭在诊室、楼道、大厅之间，细心地照看着前来就诊和待诊的婴幼儿。这些婴幼儿有的满眼泪水、有的依偎在家人的怀里、还有的靠在椅子上休息……身体的疲倦与病魔的侵袭摧残着娇嫩的花朵，家长们焦急、期待与渴望的心情可想而知。就在此时，一群人走进诊区，在所有目光的注视下，他们把手中的图书、玩具摆放在候诊区、休息区的书架上、地毯上和其他角落里，然后，这些人和身边的小朋友们互动、交谈起来。看到这些，妈妈怀里的宝贝用小手指着远处的玩具，咿咿呀呀地跟妈妈说着什么；含着泪水的宝贝睁大了双眼，迅速地捕捉着自己想要的玩具；还有几个小朋友跑到书架前津津有味地看起书来……顿时，温馨的就医环境变成了童话王国。看到孩子们开心的样子，家长们的脸上也绽放出了笑容。“你们是哪儿的？”“这些玩具、图书就放在这里，不拿走了吗？”“谢谢，谢谢你们啊！你看，我的孩子多开心，一点儿也不像生病的样子。”……这是我园爱心团队党员教师第一次送教进医院，将收集到的图书、玩具捐赠给北京市普仁医院儿科的情景。

“乐善好施”“守望相助”是中华民族善良互助的传统美德。“崇文三幼爱心团队”是在北京市东城区崇文第三幼儿园党支部委员会领导下，以党小组为单位，定期到幼儿园周边社区、学区中有困难、有需求的单位、家庭进行志愿服务的组织。作为教育的传承与发扬者，教师如何在社会中发挥教育的最大功效，一直是我们支部在教育发展路上追求的目标。在一次党员组织生活会上，支部书记带领党员同志们认真学习了《习近平总书记给‘郭明义爱心团队’的回信》及《习近平回信‘爱心团队’赋予学雷锋新内涵》两篇文章，引发了党员教师们的共鸣：新时代的教育人如何在细微之处见真情、平凡之中显伟大，在担负教育责任的同时，扩大为人民群众服务的范围，将教育功能最大化。经过学习、研讨，党员同志们一致认为，坚持教育初心、构筑教育力量、彰显服务精神不应局限于幼儿园，中国特色的现代教育应该在中华优秀传统文化与美

德中汲取智慧，它是开放的、创新的，我们应该不断地扩大教育内涵及影响，让更多幼儿及家庭受益。在支部书记“雷锋精神，人人可学；奉献爱心，处处可为”的倡导下，崇文三幼党员教师教育服务的视野开阔了，思想拓宽了，思维也更加灵活了。几天后，由我园党支部发起，创建了“崇文三幼爱心团队”（以下简称爱心团队）。在之后的一段时间里，爱心团队积极参与社区环境整治活动，承担了清扫楼道、消除小广告、慰问困难居民、解决孤寡老人疾苦等多项工作。爱心团队成员活跃在不同的社区里，哪里有需求、哪里有困难，爱心团队就会出现在哪里，就会伸出援手帮扶。

在以志愿者身份服务社区、学区群众过程中，教师们发现幼儿园所在辖区的医院儿科就诊压力大，由于病患儿身体不适，造成家长情绪紧张、急躁；北京市东城区妇幼保健院刚刚接收了一批特殊儿童，在对病患儿进行康复训练时，困难重重，急需专业化引领……若能医幼合作，在改善医院儿科就诊环境的基础上，提供教育护理，一方面响应了国家“进一步改善医疗服务行动计划”的号召，另一方面，儿童化的环境可以起到调节幼儿情绪、分散病患儿注意力、缓解病痛、促进特殊儿童发展的作用。于是，由我园党支部牵头向医院党支部提出了我们的设想，并得到了医院党支部书记的支持。与此同时，我园党员干部率先响应支部号召，从家里拿来闲置的玩具、图书，共同商议送教进医院的形式与内容。支部还通过政治学习活动、党员“微宣讲”活动、幼儿园微信公众号等不同途径向全体教职工宣传此次活动的目的和意义，请教职工建言献策。真实场景的再现不断激发着党员同志们志愿服务的积极性。于是，才有了文章开头的那一幕。

“疾病无情，人有情。”崇文三幼爱心团队在党支部的带领下，秉承“奉献、友爱、互助、进步”的志愿服务精神，利用自身示范园和特殊儿童教育基地园的教育优势，先后走进北京市普仁医院和北京市东城区妇幼保健院开展了“爱心传递，情暖儿科”主题公益活动，与医院儿科门诊的医护工作者携手创新服务模式，在“医幼手拉手”的过程中，开展医教合一教学互动活动和特殊儿童教育引导及专业护理等工作，用自己的实际行动践行公益、传递爱心，体现着社会主义核心价值观。

榜样的力量是无穷的。崇文三幼爱心团队的公益活动产生的效应迅速蔓延到每个幼儿、每个家庭中：“老师，我也想把我的布娃娃送给生病的小朋友，让他的身体快点儿好起来。”“老师，我们家有好多图书，都是我小时候看过的，我想把它们带来，送给生病的小朋友。”“老师，我能不能和你们一起去给生病的小朋友送礼物啊？我想和他们做朋友。”“我是特殊儿童教育工作者，我可以利用周末时间到医院去做义工。在照看孩子的同时，从专业的角度指导医护人员对特殊儿童进行专业化的训练，让孩子们早日康复，和健康的孩子们一起游戏、生活。您能帮我联系一下吗？”……于是，爱心团队再次走进北京市普仁医院和北京市东城区妇幼保健院献爱心。这一次，志愿者的队伍中除了党员教师，还有家长义工、幼儿代表。我们服务的内容也从送生活物品扩展到医教和谐环境创设、科学保健促幼儿健康成长知识宣传与普及等。志愿者们时而扮演着病患儿的大朋友，时而成为家长育儿的助手、医护工作者的协助者。教育工作者在医护人员的指导下，学习了专业护理方法，而医护人员在教育工作者的帮助下，开始揣摩幼儿年龄特点和需求，用孩子们喜欢的方式给他们检查身体和护理。

思想政治工作是幼儿园各项工作的生命线。我园党支部把党员思想政治教育的课堂搬到了大社会中，解民所忧、解民所难，是党的群众路线在思想政治工作中的贯彻和体现，是新时代幼儿园思想政治工作的创新之举。共产党人的党性修养是党员自觉践行“全心全意为人民服务”的宗旨，是时刻把为人民服务内化为自己的信仰，作为自己工作的出发点和归宿。“赠人玫瑰、手有余香”，爱心和善举是一种美德，也是教育工作者职业道德内容之一。崇文三幼教育工作者“小善举”传递“大爱心”的活动依然在延续。爱心团队系列活动传递着新时代崇高的精神追求，塑造了良好的社会风尚，让更多需要帮助的人感受到了善的力量、爱的光芒，体现着教育工作者的责任与使命。全体党员同志甘于奉献、脚踏实地地为周围群众做力所能及的事情，在服务他人、奉献社会中努力营造积极向上、充满友善、爱心与和谐的人文环境和教育环境，让幼儿园的小朋友以党员教师为榜样，在学习榜样教师的过程中，树立好思想，养成好品德。教师在提升自我、打造人生高度的同时，形成了以一个幼儿为圆心，感染一个家庭、辐射一片大众、引领整个社会的教育合力，让社会主义核心价值观的种子在幼儿心中生根发芽、开花结果！

三、榜样就在我身边

张　颖

为深入学习贯彻习近平总书记关于“两学一做”重要指示精神，树立优秀共产党员榜样，发挥先进典型示范作用，2017年中央组织部、中央电视台联合录制了反映优秀共产党员和先进基层党组织典型事迹的《榜样》专题节目。在积极响应上级号召，组织大家参与、学习的过程中，我们发现教师们的学习动机明显带有任务性，在实践中存在党员先锋作用不突出、学做两张皮的现象。怎样激发教师主动学习的积极性、在工作中彰显我园党员先锋模范作用成为亟待思考和解决的问题。

一个星期一的早晨，党务宣传栏里《中央组织部办公厅关于认真做好<榜样>专题节目学习宣传工作的通知》及《党支部倡议书》引起了大家的注意。“各位老师，为深入推进‘两学一做’学习教育常态化、制度化，树立优秀共产党员楷模，请大家积极收看《榜样》专题节目，让我们一起走近榜样、学习榜样、争做榜样，在平凡的岗位上谱写大爱篇章。”不久，党员同志们按要求在微信平台积极留言与大家分享观看《榜样》专题节目的感想。学习活动进行得很顺利，似乎也很圆满。然而，这个活动仅限于此吗？

一个偶然的机会，我听到几位青年党员教师的议论：“纪录片《榜样》展现的大多是其他行业的精英，其实教育领域也有很多榜样人物啊，也应该大力宣传。”“像我这样没有优势、业绩不多的人能当榜样吗？我每天谨言慎行地面对家长审视的目光和他们不同的要求，觉得自己很没有成就感。”“榜样人物一定要鞠躬尽瘁、死而后已、因公殉职吗？那我们的职业幸福感从哪里来呢？”

带着青年党员教师的疑虑，园领导、支部委员会成员聚集在小小的办公室里剖析着教师们的思想动态，并陷入了深深的思考：“我们看《榜样》就是为了完成政治任务吗？”“榜样离我们到底有多远？挖掘我们身边的教育榜样是否更有意义？”“怎样以此活动为契机，促进和提高我们为幼儿、家长服务的质量，提升做学前教师的职业幸福感？”大家集思广益，寻找着更合理的答案。“我们可以把它作为我园以德治园施教、修身立学的切入点，亮党员身份、显先锋形象，挖掘工作闪光点、师德亮点。”“对，一来提升党员在群众中的威信，二来有助于树立教师职业自信，感受职业幸福感。更重要的是以点带面，起到‘点亮一盏灯，照亮一大片’的作用，带出具有良好师德、师风的教师团队。”于是，

"厉害了，党员老师"——寻找身边榜样的活动启动了。

"赵老师，你是我的榜样。那天，你儿子发高烧，而你却带着咱们班的妞妞去医院复查身体，回来后，又耐心地和家长交流孩子的身体状况，只字未提自己儿子的事情。你心中首先装着的是园里的孩子。"

"李老师，你是我的榜样。""我是刚入职的'新兵'，又比您岁数小，怎么可能是榜样呢？""榜样不分年纪大小，你能针对幼儿的不同反应变换教学形式和引导策略，让他们快乐学习，还关注他们的生理、心理发展，真是不简单！"

"王师傅，您是我心中的榜样。""哎呀，可别提这个，我算什么榜样啊？""每到刮风、下雨的时候，您总不忘记把国旗、园旗收好、叠好，而我们却常常忘记。"

…………

原来，我们要学习的榜样就在身边！支部随即又开展了"'教育瞬间'摄影展"活动。教师们以图文并茂的形式记录着党员、教师生活中体现良好师风、师德的瞬间，一幅幅生动的摄影作品囊括了幼儿园每天、每个角落方方面面的工作。教师讲、家长评、幼儿看，人人都在讲述和传颂着这些榜样的故事……"'教育瞬间'摄影展"活动已经成为我园一道靓丽、绚烂的教育风景线。

"两学一做"学习教育关键在做。借助"好教师、好党员"评选活动，我们把树榜样的阵地落实在为幼儿、家长服务的实际行动中。马老师请特殊儿童及家庭走进教室，在融合教育中开启为特殊儿童个性化教育服务；潘老师、王老师医教合一，优化健康服务，在多元对话中共创幼儿健康生活；张师傅在美食坊中融入食育内涵，做美食、传文化，培养幼儿良好的饮食习惯；李老师把生活作为课堂，搭建合作桥梁，让幼儿在生活中建立友谊、探索学习……每天，教师们都在更新教育观念，创新教学形式，拓展思维，探究优质服务的路径。每天，孩子们把手中的小红花贴在自己喜爱的好老师照片下面，家长们也把庄重的一票投给了服务热情、护理到位的教师。最终，我园一批品德高、业务专、服务优、示范强的"师德形象大使"、党员先进工作者脱颖而出。这些不同岗位的好老师、优秀党员带领着身边的教师群体用爱、责任与奉献绘出幸福教育的画卷。由此，争做榜样成为每位党员、教师彰显模范、成就教育的自觉行为。

"不忘初心、继续前进，向榜样看齐，做合格党员。"从看纪录片学习榜样到成为工作中的"身边榜样"，我们用平凡而敬业的行为诠释着教师的崇高理想和教育情怀。这个过程给我的感受是：

1. 教育的初心与情怀是成就榜样教师的根基

"不忘初心、继续前进"是习近平总书记向全党发出的时代强音。初心是做好一切工作的基础，更是对教师的最基本要求。教师的初心就是用优质、专业的服务陪幼儿走最远的路，让他们在充满爱的成长历程中享受自我建构的快乐、成就、自信、满足。此次活动让我们回忆初心梦想、反思达成初心的历程、畅想坚持和永葆教育初心的方法，只有永葆教育的初心与情怀，才能为幼儿、家长提供优质的服务。

2. 关注动态、精准对焦是做好党建工作的关键

“榜样”活动从开始只观看纪录片到形成师德教育系列活动，离不开党支部的引领。在本次活动中，支部正是在了解党员、群众思想动态的基础上，以寻找榜样——宣传榜样——树立榜样——辐射榜样作用为主线，进一步完善了园所师德教育工作。因此，了解党员教师思想动态、问诊把脉、精准对焦是党建工作是否到位的关键，也只有如此才能让党建“小窗口”发挥“大作用”，让教师获得职业幸福感。

3. 榜样激励不仅要学，更要引导去做

榜样的力量是无穷的。光学不做假把式，“学榜样”的目的是要做榜样式的人物。此次活动中，我们寻人，赏事，挖掘典型，宣传楷模，学习榜样。借助服务平台践行教育，立标杆，评优秀，重引领，争做榜样，发挥党员示范作用，促进党员队伍建设的可持续性发展，学做合一，带动教师集体成长，始终把幼儿高兴不高兴、家长和同事满意不满意作为成就榜样的标准。从平凡到优秀，从优秀再到模范的过程，是党员“照镜子”“正衣冠”“树旗帜”“自我修正”的过程，也只有全心全意为人民服务的党员才能成为模范，得到大家的认可。

榜样是“心”的力量，它能撒播敬业的种子、绽放奉献的花朵。榜样犹如一粒种子，它可以浸润心灵，增添园所勃勃生机。学榜样、争做榜样的活动成为我园一次有意义的党员教育活动。

四、当温暖的教师，做有温度的教育

张　立

“当温暖的教师，做有温度的教育。”还记得我第一次听到这句话时的情景，那是我与袁园长在幼儿园楼道里的一次短暂交谈。当她说出这句话时，嘴角上扬、眼里润光、笑容温暖，瞬间浸润了我的心。自此，这句话便成了我从事教育事业的座右铭，我时刻以此来检视自己的教育行为。

1. 让孩子们感受到“阳光”的温暖

对于幼儿园的孩子们来说，每位教师就如同他们心中的榜样和阳光。和他们在一起的时光，我从每件小事做起，事事率先垂范，将自己心中的阳光撒播在他们的心田，使他们成长为积极向上的孩子。还记得初次来到梦妮的家，坐在轮椅上的姥姥艰难地给我打开门，听到不满 20 岁的年轻妈妈诉说着因为支付不起孩子的医疗费用而在家养病的经过，看到这个生活拮据、困难重重的单亲家庭，我理解了梦妮性格孤僻、行为暴躁的原因。自此，我更加关注梦妮的心理需求，多抱一抱、亲一亲她，告诉她是非对错、如何交往，还邀请她的妈妈来幼儿园参加三八妇女节活动，给予她们更多的情感关怀和温暖。党员教师的示范引领作用感染着班级中的每位教师，我们一起加入关爱行动中，定期准备一些生活用品送到梦妮家中，用真诚的爱让梦妮全家感受到阳光的温暖。看！梦妮正在温暖的阳光下和小伙伴们一起快乐地游戏呢！

2. 让教师们感染到“烛光”的温情

对于教师们来说，良师益友就如同他们心中的榜样和烛光，和他们在一起，我乐于奉献，无私地将自己的智慧和经验分享给每一个在黑夜中徘徊的教师，为他们指引方向，照亮前进的道路。自担任班组长以来，我积极发挥党员教师的引领作用，耐心指导刚入职的青年教师。当她们遇到困惑和问题时，我会以共情、共事的方式，事无巨细地分享、传道、解惑，让她们在师傅的温暖怀抱中，幸福地爱上幼儿教师的工作。张淳老师论年龄是我的姐姐，但因长期脱离前勤教学，在工作中也会遇到一些困惑。于是，我从资料室借阅各种课程资料，陪她筛选阅读，一起学习最前沿的教育方法，制作和修改教学课件，使她深刻地体会到益友的温情。身为教研组长，我将党员的示范引领作用辐射到每一个班级，我会走进各个班级，与教师们进行面对面的交流，手把手地帮助她们，尊重每一位教师的想法，并给予适宜的建议和帮助。每周，我会认真地批阅教师们的教学计划，也会在微信群中分享最前沿的教育文章。每个月，我会仔细梳理各班的工作总结。每个学期，我会组织大家开展教科研活动。当她们在工作和生活中遇到问题时，也会主动找我诉说，我会真诚地用自己那充满温情的“烛光”来感染每一位教师的心灵，帮助她们更好地成长。

3. 让家长们触摸到“星光”的温度

对于家长们来说，优秀的教师就如同他们心中的榜样和星光。很多教师都问我：“为什么你们班的家长都这么好啊？”我想：所谓“亲其师，则信其道；信其道，则循其步”。作为一名党员教师，一定要立足本职，发挥党员的先锋模范带头作用，无私奉献，心系幼儿和家长。我鼓励“1+1>2”的合作式家长义工活动。在每次活动前，我都会主动联系家长，帮助他们设计内容、准备材料，发挥他们各自的优势资源，让孩子们收获更多。“手牵手、心连心”的家长义工活动一学年已达到30余次，家长们参与活动的积极性和实效性大大提高。他们和我一样，在奉献中感受到了爱的温度。在班组长会上，我将成功的家园共育方法分享给其他教师们，使党员这面旗帜飘扬到更多人的心里，传播美好。

我想，虽然我做不到无所不能，但我将竭尽所能地把阳光的温暖、烛光的温情、星光的温度带给更多的人，让我们一起当温暖的教师，做有温度的教育吧！

五、和孩子一起运动，我快乐

毕红文

“生命在于运动”，这是法国著名思想家伏尔泰的一句名言。没有运动也就没有了生命，缺少运动的生命是短暂的！毛泽东同志也说过：“身体是革命的本钱。”没有了健康，一切都等于零。有了强健的体魄，我们才能胜任各种艰难、复杂的工作，才能完成各种学习任务，才能精神百倍、意气风发地去迎接生活中的种种挑战。只有身体健康了，我们才能体会到工作和学习的快乐，才会真正享受到生活的幸福和生命的美丽！

孩子们天生就喜欢玩，一提到玩，两眼都会放光，开心都写在脸上。每当开展户外活动时，我都会和孩子们一起跳绳、打球、踢毽子……他们都愿意和我一起做游戏，也把我当成他们中的一员。与他们玩的同时，又可以锻炼自己的身心，真可谓一举两得，何乐而不为呢？

我在崇文三幼工作32年了，始终保持着一个习惯，就是每天和孩子们一起运动、一起游戏，不仅是为了锻炼身体，更重要的是和孩子们一起做运动的过程中，可以观察到他们最真实的一面。此时的我是孩子们的玩伴，我在他们中间走来走去，和他们一起分享游戏的快乐，回味久违的童年乐趣。和孩子们在一起，我是他们的朋友，是玩伴，更是快乐的分享者。

几年前，我有幸同几位教师到安吉参观了3个幼儿园的户外活动，感受到了安吉幼儿园开展户外游戏活动的魅力。孩子们根据自己的兴趣，自由选择材料、自由结伴、自由游戏，形式灵活多样，孩子们有充分的自主和创造空间。我感受到了那里的教师对孩子的高度尊重，他们是真的管住了自己的手和嘴，用心、用眼去观察孩子。这么多年来，每次户外活动中，我也是这么做的，和孩子们一起游戏，从一个幼儿游戏的“导演”转换成了一个幼儿游戏的参与者。只有这么做，才能给孩子们更多自主游戏、自主创造、开心游戏的机会。

“生命在于运动。”没错，运动不但可以锻炼我们的身体，还能充实我们的生活，愉悦我们的心情。和孩子们一起运动，我快乐。每天我为孩子们的进步而激动，为孩子们的遐想而喝彩，为孩子们的创意而叹服，更为孩子们的多才多艺而兴奋！没有爱就没有教育，孩子们需要在充满爱的环境中健康成长，让我和孩子们一起在爱中飞翔，让我和孩子们一起运动、一起快乐！

六、坚持的力量

李　晶

我是来自崇文三幼的李晶。今天，我要跟大家分享的是关于坚持的力量。相信大家都听过“不忘初心，方得始终”这句话，但却很少有人知道下一句：“初心易得，始终难守。”就是说，理想与目标是容易树立的，但是能够坚持不懈地克服困难、实现最终的目标，却非常难。这里有一个关键词，就是坚持。做任何事难在坚持，贵在坚持。

1. 坚持是一种习惯

上班不迟到是作为一名工作人员最基本的工作要求。但要坚持做到上班的每一天都不迟到，就意味着无论前一天备课到多晚，第二天必须五点起床，无论刮风、下雨都要早早地等候在车站。我曾经为了上班不迟到，在交通受阻的情况下，步行 10 千米的路程，走了近两个小时。就是这样的一份坚持，让我在近 30 年来 8 000 多个工作日都能做到提前到岗。作为幼儿园教师，按时到岗是对每一位孩子负责。每天早晨，我都要面带微笑地站在幼儿园的大门口，迎接孩子们入园。上班不迟到是对幼儿园的安全负责，所以在坚持不迟到的背后是一份沉甸甸的责任感。作为一名党员，更要把纪律放在前面，遵守幼儿园各项规章制度。

2. 坚持是一种态度

坚持是一种态度的体现。在对待青年教师的帮助与指导上，无论我的情绪如何波动，还是面对困难有了放弃的想法，都会坚持鼓励和支持他们。用我自己面对困难的态度，“黄沙百战穿金甲，不破楼兰终不还”的坚持与勇气去影响、带动他们。在“童心杯”领域活动观摩竞赛中，我和园里的教研团队一起备战，一起磨炼，用坚强的意志力、不懈的战斗力，赢得了特等奖的好成绩。

打铁还需自身硬，作为一名党员教师，就是要为青年教师率先垂范！

3. 坚持更是责任的体现

作为一名党员干部，要时刻牢记“为人民服务”的宗旨，坚持把热情的服务送给家长。我园有需要资助的孩子，调查—登记—填表—公示—审核—上传，面对这一系列的流程，每一个环节都要认真、细致地做好，不能有一点儿马虎。家长对这个过程感到厌烦和不满。我不但要加快工作进程，还要耐心地跟家长做好解释工作。“您放心，这事儿多复杂，咱都不能怕麻烦。您别急，程序要一步步走才行。”当家长在我这里签字领款时，千恩万谢，一直在说李老师帮她解决了大困难。坚持把群众的困难记在心间，为群众办好事，是党员干部责任心和为人民服务意识的体现。有党旗在前面做指引，我们不用扬鞭自奋蹄，希望能与各位党员共勉！

七、参观北京香山革命纪念地有感

金 东

2019 年 10 月 19 日，我园全体党员和石家庄第三幼儿园的全体党员联合党支部共同前往中共中央北京香山革命纪念地，瞻仰双清别墅、来青轩等革命旧址，参观香山革命纪念馆，观看主题展览，回顾中国共产党领导中国人民夺取全国胜利和党中央筹建中华人民共和国的光辉历史，缅怀毛泽东同志等老一辈革命家的丰功伟绩。

首先，我们来到双清别墅，瞻仰毛泽东同志当年办公、居住的地方。修缮一新的双清别墅保持了原有风貌，绿树成荫，格外幽静。别墅内，办公室、会客室、卧室、饭厅的家具陈设、床上的书籍和墙上的《中国人民解放军战略形势图》《最新北平大地图》等摆放，都保持了原样。

接着，我们又来到不远处的来青轩，瞻仰了朱德、刘少奇、周恩来、任弼时同志的办公、居住地，一起了解老一辈革命家当年在香山工作和生活的情况。离开来青轩，我们来到香山脚下的香山革命纪念馆，参观了“为新中国奠基——中共中央在北京香山”主题展览。新建成的纪念馆庄重、大气，四梁八柱的雨棚造型，寓意党中央在香山为新中国搭建四梁八柱。28 根廊柱，象征中国共产党从建党到建立新中国 28 年的奋斗历程。南广场上矗立着高 19.49 米的国旗杆，寓意中华人民共和国诞生于 1949 年。主题展览由“进京赶考”“进驻香山”“继续指挥，解放全中国”“新中国筹建”“不忘初心、牢记使命、永远奋斗”5 个部分组成，按历史脉络，通过 800 多张图片、照片、地图、表格和 1 200 多件实物、文献和档案，全景式生动呈现中共中央在香山期间领导全国各族人民完成民族独立和人民解放的历史使命，开启中国历史发展新纪元的光辉历程。

北京的香山成为当时党中央所在地。在这里，毛泽东、朱德同志发布向全国进军的命令，吹响了“打过长江去，解放全中国”的伟大号角，中国人民解放军以摧枯拉朽之势向全国各地胜利大进军，彻底结束了国民党在大陆的统治。在这里，毛泽东同志发表了《论人民民主专政》，为新中国的建立奠定理论基础和政策基础。在这里，中共中央同各民主党派、各界人士共同筹备中国人民政治协商会议，制定、通过了起到临时宪法作用的《中国人民政治协商会议共同纲领》，确定了新中国的国体和政体，制定了一系列基本国策，描绘了建设新中国的宏伟蓝图。中共中央在北京香山虽然只有半年时间，但这里是我党领导解放战争走向全国胜利、新民主主义革命取得伟大胜利的总指挥部，是中国革命重心从农村转向城市的重要标志，在中国共产党历史、中华人民共和国历史上具有非常重要的地位。

我们缅怀这段历史，就是要继承和发扬老一辈革命家“宜将剩勇追穷寇，不可沽名学霸王”的革命精神，不断增强中国特色社会主义的道路自信、理论自信、制度自信、文化自信，勇于进行具有许多新历史特点的伟大斗争，坚决战胜前进道路上的各种艰难与险阻，使“中国号”这艘巨轮继续乘风破浪、扬帆远航。我们缅怀这段历史，就是要继承和发扬老一辈革命家坚持“立党为公、执政为民”的革命情怀，始终赢得人民的衷心拥护，始终保持同人民群众的血肉联系，始终把人民对美好生活的向往作为奋斗目标，紧密团结各民主党派和各界人士共同创造更加美好的生活。我们缅怀这段历史，就是要继承和发扬老一辈革命家谦虚谨慎、不骄不躁、艰苦奋斗的优良作风，始终保持奋发有为的进取精神，永葆党的先进性和纯洁性，以“赶考”的清醒和坚定，写好新时代的答卷。

SHIDE ZHU SHIHUN
DIERZHANG

第二章

为人师表，自省自力——师德规范篇

导语：

依法办园是时代的要求、幼儿园发展的需要。以德立园是倡导教师敬业奉献精神的需要。党的十八届四中全会提出了依法治国的总体目标，在依法治国的背景下，学前教育也步入依法办园的轨道，走上了“依法办园、以德立园”之路。

幼儿园制度建设是幼儿园管理工作的一项基础性工作。幼儿园的制度就是幼儿园的“法”。它是贯彻和落实国家教育政策、方针精神的关键。强化制度建设是提升幼儿园管理水平的重要内容之一。我园制度建设与完善坚持以现代科学化管理为基础，以幼儿园发展的实际情况为前提，以促进优质教育为中心，以师幼健康、和谐发展为根本，跟随时代脚步，不断更新教育及管理观念，明确工作方向，确立新时期教育工作内部运作的规章和制度，规范了幼儿园不同工作岗位各类教职工的职业行为，通过规章、制度的建立和执行，在确保幼儿园事事有章可循，人人明确职责的前提下，规范教职工的职业道德、职业礼仪、教育行为，培养良好的工作作风，形成健康的园风和园纪，树立幼儿园良好形象，助推幼儿园发挥教育机构的文明辐射作用，使幼儿园各项管理工作更加系统化、科学化、规范化，不断提升教职工师德水平，最终为幼儿园优质教育的发展奠定基础。

幼儿园教师是对幼儿实施保育和教育职责的专业人员，需要具有特定的专业素质，具有良好的职业道德。因此，师德规范是每一位教职员工在工作中必须遵守的行为准则。为了让崇文三幼每一位教职员工在工作中做到“心中有准则、行为有标准、语言有规范、服装有要求”，我们特别制订了《崇文三幼教职工师德行为规范标准》，帮助大家在工作中更好地规范自己的行为。

一、教师职业行为规范

教师是人类文明的传播者，在人类社会的发展和进步中起着巨大的作用。任何一个国家、一个民族的发展，都离不开教育，离不开教师。教育大计，教师为本。教师作为人类灵魂的工程师，不仅要教好书，还要育好人，各个方面都要为人师表。幼儿教师职业道德的状况在不同程度上影响着教师的生活目标、道德理想、道德标准，也直接影响到其兴趣、情操，甚至是个性品质的发展。因此，加强幼儿教师职业道德教育和职业修养，对于提高全民族的道德水平、建设社会主义精神文明和教育、培养好下一代有着特别重要的意义。

为此，我园依据《北京市幼儿园职业道德行为规范》以及《北京市东城区幼儿园教师职业行为规范》中的要求，特制订《幼儿园教师职业道德规范及行为细则》。

◆附：

幼儿园教师职业道德规范及行为细则

（一）为人师表，堪为人师

1. 坚决拥护中国共产党的领导，遵纪守法。用社会主义道德规范约束自己的行为。严禁在任何场合散布反党言论、政治谣言、邪教思想，或在任何场合无视法纪、滋事生非，损害教师形象。

2. 通过各种方式学习并全面贯彻党的教育方针，了解国内、外的政治时事。

3. 热爱幼教事业，热爱幼儿园，尽职尽责。自觉遵守《教师法》等法律法规，在教育、教学中同党和国家保持一致，不得有违背党和国家方针、政策的言行。

4. 在微博、微信等网络平台上发表正面的、积极的言论。

5. 园内遇到同事，应微笑、点头示意，遇到幼儿及家长要互致问候，遇到参观、视察、来访等外来人员，要以礼相待。正面相见时，要微笑、点头示意；坐姿，如遇领导、客人询问时，要起立招呼，形成一种彬彬有礼、温馨、和谐的氛围。接待家长和公事客人，要热情有礼，起立迎送，体现本园职工应有的姿态。

6. 讲话语气要和蔼、亲切，语言文明。严禁大声喧哗、言语粗俗、动作粗鲁和损伤幼儿与同事的行为。

7. 参加会议、学习、讲座等活动时，不迟到、早退、缺席，不随意进出。必须进出时，需与主持活动的教师或有关领导打招呼，动作要轻。开会、听讲座时，必须随身携带笔记本进行摘记。

8. 不准私自挪用公用物品和他人物品，严禁故意破坏或不负责任地损坏公共物品和设备。自觉维护幼儿园公众形象。

（二）热爱幼儿，循循善诱

1. 要热爱幼儿、尊重幼儿。不论种族、民族、性别、家庭出身，对幼儿要一视同仁，做到对班内幼儿不偏爱、不歧视。

2. 对幼儿要有强烈的社会责任感，全身心地关爱每一个幼儿。

3. 严禁体罚、变相体罚幼儿或大声呵斥、讽刺、挖苦幼儿。严禁在幼儿面前发生争执。

4. 要仪表端庄，着装整洁，符合教师职业要求。严禁穿奇装异服、化浓妆、留长指甲。上班时间不披长发，不穿高跟鞋，不染指甲，不戴长耳环，不穿超短裙。

5. 严禁旷工、旷教、擅离岗位。带班期间，不得接听手机、上网聊天、干私活，不与家长闲聊。

（三）严谨治学，勇于探索

1. 针对不同幼儿，教师要进行有效的教育、教学活动，求得每位幼儿的全面发展。

2. 遵守幼儿作息时间，并严格按计划进行一日生活活动。了解幼儿的年龄特点以及不同的学习方式，善于激发幼儿参与各种活动的积极性。

3. 认真带领幼儿开展教育、教学活动，严谨求实，以知求善，掌握精深、广博的知识，不断提升自身的综合素质。

4. 要刻苦钻研业务，勇于创新。积极进行教科研探究，努力提升自身教科研能力与水平。不得剽窃他人教育、教学等科研成果。

5. 在每日教育、教学工作中要提前备课，做好材料上和思想上的充分准备及思考。

6. 严禁私下调课、停课，严禁教学工作马虎了事、不负责任、误人子弟。

（四）尊重家长，互相配合

1. 要尊重家长、廉洁奉公，虚心倾听家长意见，不挫伤家长的感情，不训斥家长，保持良好的家园合作关系。

2. 对家长要以诚相待，以礼相见，互尊互敬。加强与家长的联系，调动家长培养幼儿全面发展的积极性。

3. 通过多种形式的家园活动帮助家长树立正确的教育观，并引导家长主动协助幼儿园开展各项工作。

4. 不向家长索取礼品和钱物，不托幼儿家长为自己办事。

（五）团结协作，和睦相处

1. 要热情招呼身边的每一位同事，调动每一位员工对自己工作的支持和配合。虚心向榜样和先进工作者学习，正确看待同事的成绩。

2. 尊重同事，虚心倾听同事的想法，不挫伤同事的感情、不训斥他人，宽容对待同事。

3. 遇到困难时要用协商的语气与人沟通。别人有困难要主动帮助，别人有错误要悄悄提醒。正确对待和开展竞争，要尊重老教师，帮助青年教师进步。

4. 要服从合理调配与分工，同事间互帮互助，团结协作。严禁在背后议论他人、搬弄是非，影响正常的工作秩序。不得非法诉求、聚众闹事、越级上访，影响正常的社会秩序。

5. 要经常排查安全隐患，定期开展安全教育。严禁脱岗、串岗、不及时上报安全事故、互相推诿责任。

6. 要节约水电，节约使用幼儿园各种物品、材料，杜绝浪费。不开无人空调、无人灯，不浪费各种资源。

总之，师德不是简单的说教，而是一种精神的体现，一种知识内涵和文化品位的体现！师德需要培养，需要教育，更需要提升每位教师的自我修养！用自身的榜样作用和人格魅力影响身边的人，让幼儿学榜样、做榜样，积极效仿。

二、师德誓词（图1）

师德誓词

我宣誓：坚持核心价值、立德树人；坚持依法执教、以身立教；坚持以德为先、为人师表；坚持爱岗敬业、关爱幼儿；坚持尊重幼儿、宽严并济；坚持有教无类、因材施教。弘扬高尚师德，坚守教育净土，树立我园教师的良好形象。

宣誓人：

年 月 日

图1

三、教师师德格言

师德格言一

李 环

【格言】

心静，身净，业精。

◆解释

“心静，身净，业精。”这句格言是一名教育工作者要达到的准则。

心静，字面意思是心境平和。作为教师，心静为真、善、美。真是对孩子、家长真诚；善是善于沟通，帮助家长解决孩子的问题；美则是要学会以欣赏的眼光去看待每一个孩子，看到他们身上的优点，将其放大。

身净，这个净为干净、整洁的意思。作为教师，这里的“净”是指做事的原则。教师每天要与孩子在一起，她的穿着、言谈举止就是孩子们的榜样。穿着整洁、大方，言谈举止优雅、有礼貌。在面对家长不同心情以及递过来的红包时，如何决策，如何在坚守原则的基础上让家长们个个放心，是每个教师应该认真思考和正确对待的。

业精，是指工作精准，样样精通。但是，对于一名幼儿教师来说，这些还不够，专业技能、幼儿年龄特点、与家长的沟通能力、教科研水平、业务反思能力以及处事不变的能力，都要精。

“心静，身净，业精”是今后鞭策我努力工作的动力，同时，也是我作为一名教师时刻牢记于心的教育格言。

师德格言二

刘　硕

【格言】

做人以真，待人以善，示人以美。永远保持一颗童心，用自己的汗水去浇灌每一棵祖国的“幼苗”，让他们吃好、喝好，开出独特、芬芳的花朵。

◆解释

做一个真诚的人，善良地对待每一个人，永远保持一颗童心，不计较，不抱怨。作为一名幼儿园厨师，用自己的汗水、用自己的努力去为幼儿园的教职工和小朋友们制作出美味可口的营养饭菜，让他们吃好、喝好，健康、茁壮地成长。

师德格言三

李　晶

【格言】

教师是孩子的镜子，孩子是教师的影子。言传身教，身体力行！

◆解释

作为一名幼儿教师，要在幼儿面前树立美好的形象，时刻向幼儿传递美好的语言、文明的行为。因为教师就像一面镜子，孩子每时每刻都会模仿和学习。教师这面镜子越亮，孩子越能看得清、照得好、做得美，榜样的力量是无穷的。

师德格言四

潘雅琼

【格言】

要想让孩子喜欢你，你必须给予孩子喜欢你的机会，让我们用自己的行为和自己的内心去教育我们的孩子。

◆解释

孩子们是天真的，每个孩子都希望得到教师和家长的关注与赞赏。

孩子们是无邪的，他们觉得幼儿园里的每个人都会给他们爱。

我爱每一个孩子，让他们每个人都喜欢我是我最大的心愿。我会对他们微笑，我会拥抱他们，我会亲亲他们的小脸蛋，拉拉他们的小手。喜欢不一定是语言的表达，一个小小的动作，一个关注的眼神，孩子就能感受到那份爱。

孩子们是天使。在他们受伤的时候，我们要以医者仁心的心态告诉他们：一切都会好的，成长的路上无论遇到什么样的挫折都会过去。引导他们勇敢面对，让他们健康、快乐的成长。

师德格言五

金　东

【格言】

学高为师，身正为范。——陶行知

◆解释

“学高为师，身正为范。”这句话是陶行知先生写的，出自《陶行知文集》。

此话的含义是：学问渊博的人能够成为老师，行为端正的人就能够成为典范。

教师是传道、授业、解惑之人。道为最先，而要传道，教师首先得正身。德高为师，身正为范。只有不断地致力于自我教育时，才能教育好别人，这是老教育家对我们这些后辈的殷切希望。

我们的教育对象是年幼的孩子，其实他们不只是孩子，更是希望，是未来中国兴旺强大的希望。习近平总书记在八一学校考察时谈道："教师是传播知识、传播思想、传播真理的工作，是塑造灵魂、塑造生命、塑造人的工作，因此，要落实立德树人的根本任务。"总书记的讲话又为我们提出了当下的新任务、新要求。"少年智则国智"，作为孩子们的启蒙教师，在今后的工作中，我要努力用"学高为师，身正为范"的标准严格要求自己，做新时代"四有"好教师。

师德格言六

杨志琴

【格言】

勤勤恳恳工作，认认真真做事，踏踏实实做人，努力学习，爱岗敬业，热情服务，用良好的心态面对工作，用热心、爱心、细心、耐心服务全园教职工及幼儿，不断努力，做一棵点缀春天的小草。

◆解释

从2012年9月至今，我在资料室工作了近5年。

我深知资料管理是幼儿园管理向制度化、规范化、科学化方向发展的重要标志，是不断提高幼儿园管理水平的需要，在幼儿园的规范化管理及发展建设中发挥越来越重要的作用。资料管理工作的好坏，充分体现了幼儿园基础管理水平。干好这项工作不仅需要细心、耐心，而且还需要掌握资料管理规范化的相关知识。

因此，我要不断学习，提高资料管理水平，做到操作程序规范，账目清晰，借还及时，减少资源浪费和丢失，为幼儿园节约开支，做全园教职工及幼儿的服务者，为崇文三幼美好的明天而努力。

师德格言七

孙微微

【格言】

做人以真，待人以善，示人以美，永远保持一颗童心，做孩子们的好朋友。

关爱童心，感受真爱，欣赏童趣。

热心对待工作，真心呵护幼儿，诚心服务家长。

◆解释

在医务室教师的角色中，我们是为孩子抚平伤痛、驱赶疾病、慰藉心灵的人，我们要付出百分百的爱心，以理解和感同身受的态度来安慰和呵护每一位幼儿。在面对家长时，要耐心地做好解释工作，细致、认真地处理每一件事。在家园合作的工作中，能做到和谐、愉快、互助，让家长们真切体会到我们“一切为幼儿”的服务宗旨。

师德格言八

张聪慧

【格言】

关爱是春风，驱散幼儿心中的阴霾；微笑是火种，点燃幼儿激情的火花；用关爱感动幼儿，用微笑感染幼儿。

育人是师德之灵魂。只要教师付出爱的“种子”，幼儿心中就会长出真善美的“珍珠”。

◆解释

面对孩子们时，我和蔼可亲的笑容让他们对我没有陌生感，让他们喜欢我，愿意接受我的帮助。孩子们有病痛时，安抚他们，让他们减少紧张情绪，用我的耐心稳定孩子情绪，帮助他们战胜痛苦。无论孩子受伤大小，在他们眼中都是一件天大的事情，有的孩子会眼含热泪、有的孩子会哭闹不止，但不论什么样的孩子来到我这里，我都会第一时间安抚他们，告诉他们："不用紧张，让我先看一看。"我会认真地处理伤口，并对孩子说："你是非常坚强、勇敢的孩子，这一点儿小伤对你不会造成影响的。"我坚定的语气、肯定的目光，让孩子从内心树立起勇敢面对伤痛的坚强和自信。

四、师德承诺书

（一）教师岗位师德承诺书

小一班教师岗位师德承诺书

爱心教育幼儿，暖心服务家长，热心团结同事，用心成就自己。

小二班教师岗位师德承诺书

用爱心关爱每一位幼儿，用真心对待每一位幼儿，用耐心尊重每一位幼儿的个体差异，用诚心教育每一位幼儿。

小三班教师岗位师德承诺书

用慧眼去捕捉孩子的闪光点，用真心去欣赏孩子的成功处，用鼓励去激发孩子的自信心。用发展的眼看待每一个孩子，相信他们一定可以做到！我们努力做到，一切为了孩子！

小四班教师岗位师德承诺书

我们承诺：对待幼儿像妈妈一样陪伴，像朋友一样交谈，像智者一样引导。

我们将用爱与陪伴呵护孩子健康、快乐成长。

小五班教师岗位师德承诺书

我们承诺：关爱幼儿，尊重幼儿，让他们健康成长。

我们承诺：团结协作，互相关心。

我们承诺：尊重家长，与之为友。

中一班教师岗位师德承诺书

我们承诺：用爱心呵护幼儿健康成长，用诚心搭建家园共育的桥梁。

教师要对每一位幼儿充满爱心，用教师无私的爱去关心、爱护每一位幼儿，让他们健康、茁壮的成长。教师要用自己对待教育工作的诚心引领家长，配合幼儿园，共同教育幼儿，实现家园共育。

中二班教师岗位师德承诺书

我们承诺：做幼儿和家长都满意的好老师。

用我们的爱心、细心、耐心去帮助、爱护每一位幼儿，让幼儿健康、快乐地成长。关注幼儿需求，尊重幼儿个体差异，用我们的爱温暖幼儿，做幼儿的良师益友。尊重家长，积极与家长沟通，了解家长需求，成为让家长放心、满意的好教师。

中三班教师岗位师德承诺书

我们承诺：多一份赏识，就多一份成功的希望。

每个孩子都是独特的个体，作为教师应多发现孩子的闪光点，及时表扬与鼓励，让孩子散发出更璀璨的光芒。

中四班教师岗位师德承诺书

我们承诺：在工作中，我们用爱心、细心、耐心、责任心换取家长的放心。

关爱每一位幼儿的安全和身心健康，尊重幼儿人格和个性，热心对待工作，细心呵护幼儿，诚心服务家长，为幼儿创造一个良好的学习氛围。每天面带微笑地迎接每一位幼儿入园，随时关注每位幼儿心理与生理发展状况。用公正、发展的眼光看待每一位幼儿，发现他们身上的闪光点。幼儿的理解能力、思维能力有限，需要耐心、细致地讲解。关注幼儿的饮食起居，多与幼儿沟通，了解他们的想法，并正确引导。恪守职业道德，无论外界对我们如何质疑，我们都会坚守自己对孩子的真心，坚守自己的责任所在，用心做好份内的工作，精进专业，用行动与真情不负幼儿与家长的那一声“老师”。

中五班教师岗位师德承诺书

我们承诺：用心去爱，用行动去尊重。

用心去爱每一个幼儿，让幼儿真正感到“老师是妈妈”。用行动去尊重每一个幼儿，让幼儿得到真正的平等。

大一班教师岗位师德承诺书

我们承诺：善思、善教、德为人。

作为教师，我们承诺在工作中善于思考，积极探索如何促进幼儿全面发展，不断提升专业水平、职业道德及自身修养，热爱教育事业，热爱幼儿园，自觉维护幼儿园、教师的形象，把幼儿教育作为培育孩子、提升自我的神圣事业。

大二班教师岗位师德承诺书

我们承诺：爱作基石，勿忘克己。

真爱无价，用爱来感化，用爱来包容，用爱来沟通。我们的孩子还是懵懵懂懂的孩子，与他们交流要用他们最容易接受的语言——真爱。教书育人要从真爱出发。

面对种种诱惑，时刻不要忘记克制自己，能有“斯是陋室，唯吾德馨”的意境和大智若愚的智慧。

大三班教师岗位师德承诺书

我们承诺：爱和尊重每一个孩子。

有一种人生最美丽，那就是教师的人生；有一种风景最亮丽，那就是师魂、师风；有一种平台最神圣，那就是讲台。作为一名人民教师，爱与责任是师德之魂。在工作和生活中，我们要全心全意为人民的教育事业服务，树立良好的师德形象，爱岗敬业，乐于奉献，为每个孩子的成长保驾护航！

大四班教师岗位师德承诺书

我们承诺：用发展的眼光看待每一个孩子！

不积跬步，无以至千里；不积小流，无以成江河。因此，我们要用发展的观点来看待幼儿的学习与成长。在我们眼里，他们看似是在胡乱捏、画，但在孩子眼里就是神奇的城堡、火车……我们不能低估每个孩子的能力，他们在动手、动脑的活动中也积累了很多经验，我们要学会用发展的眼光看待孩子的成长。

（二）工勤岗位师德承诺书

保健室岗位师德承诺书

爱岗敬业，严谨从医。
精研专业，勤学好问。
凝聚团队，互帮互助。
开拓创新，再创佳绩。

会计室岗位师德承诺书

爱岗敬业、诚实守信、客观公正、坚持准则、提高技能、强化服务。

食堂岗位师德承诺书

尊师重道，严谨务实。
提升菜品，营养搭配。
饮食安全，牢记心中。
专攻厨艺，心系幼儿。

五、师德规范三字经

（一）小一班师德三字经

——和谐师幼关系

秋风吹，阳光照。
师幼情，乐陶陶。
爱孩子，身示范。
卑恭谦，懂礼让。
育幼儿，遵《指南》。
升理念，重实践。
伴幼儿，多鼓励。
轻声道，俯身语。
师幼间，互关爱。
为梦想，共成长。

（二）小二班师德三字经

——关注

师之本，德为重。
关为源，始于行。
蹲下来，真亲近。
用心看，善倾听。
重发现，多关注。
察其异，同平等。
懂因材，善施教。
教有法，育有方。
记使命，培桃李。
育满园，尽芬芳。

（三）小三班师德三字经

——教师仪表

风儿吹，阳光照。
好老师，要做到。
身正范，懂礼仪。
见同事，问声好。
见宝贝，问声早。
上班时，着园服。
穿整齐，戴简洁。
交流时，声要轻。
语速缓，吐字准。
倾听时，要耐心。
俯下身，拉小手。
有回应，有反馈。
讲师德，育英才。

（四）小四班师德三字经

——师幼互动

早来园，面带笑。
有礼貌，互问好。
为师表，自身正。
轻言语，明初衷。
重陪伴，爱先行，
蹲下身，表尊重。
穿得体，重仪表，
多鼓励，勤沟通。

（五）小五班师德三字经

——尊重

蹲下身，听心声。
摸摸头，话语亲。

伸出手，好朋友。
互尊重，师幼情。

（六）中一班师德三字经

——沟通

与幼儿，近距离。
用心灵，俯首听。
语速慢，话语轻。
多询问，勤沟通。

（七）中二班师德三字经

——师幼互动

择幼师，需谨记。
幼儿幼，师德行。
重礼貌，日常教。
早入园，问声好。
先鞠躬，后言道。
询问之，了解好。
时关怀，爱传教。
身低下，言语轻。
持微笑，重呼应。
身教师，时刻行。
切懒惰，勿分心。
爱孩子，方始终。

（八）中五班师德三字经

——公平对待幼儿

师如母，爱幼儿。
勤夸奖，善表扬。
不疏远，不亲近。
须平等，记心间。

（九）大一班师德三字经

——钻研

知理论，懂科学。
讲故事，要生动。
跳舞蹈，应优美。
弹唱时，音色美。
巧手做，创意多。
话亲切，态真挚。
教之道，贵以心。
晓以理，动以情。
颜色悦，性平和。

（十）大二班师德三字经

——引导

求知欲，善鼓励。
遇问题，巧指引。
有互动，乐寓教，
既活跃，又高效。

（十一）大三班师德三字经

——观察

勿动口，勿动手，
勤观察，细记录。
重师德，谨言行。
教无类，乐奉献。

（十二）大四班师德三字经

——敬业

师心慈，牛舔犊。
父母爱，尽倾注。

育桃李，做园丁。
蜡烛泪，春蚕情。
德与智，获双馨。
既教书，又育人。

（十三）办公室人员师德三字经

清规范，明法规。
严纪律，强责任。
三观正，人清廉。
立公心，求共赢。
行稳重，心稳定。
守道德，修己身。
诚于意，正于心。
适于言，端于行。
晓以情，动以理。
服务心，赢众信。

（十四）前、后勤人员师德“三字经”

好教师，责任坚；研专业，乐分担。
升理念，重实践；育幼儿，遵《指南》。
系家长，方法先；为梦想，共扬帆。

保育员，勤劳心；环境美，空气新。
保育员，精细心；宝宝壮，常出勤。
保育员，关爱心；像妈妈，亲又亲。

后勤组，重服务；保健医，护健康。
炊事员，钻营养；总务人，讲保障。
财务员，账明朗；齐努力，永争光。

好干部，强修身；讲原则，守规矩。
好干部，强本领；多学习，创佳绩。
好干部，强服务；甘奉献，做人梯。

DISANZHANG

第三章

教书育人，师德为先——师德解读篇

导语：

作为教师，要有堂堂正正的人格，用高尚的人格感染学生、赢得学生。用真理的力量感召人，用坚定的信仰引领人，用高尚的人格感染人，用真挚的情感打动人，用生动的形式吸引人，这就是思想政治理论课教师“人格要正”的不懈追求。

的确，师德是教师最重要的素质，是教师之灵魂。作为幼儿教师，更需要有一颗金子般的爱心，正如鲁迅先生所说：“教育是植根于爱的。”爱是教育的源泉。教师有了爱，才会用伯乐的眼光去发现孩子身上的闪光点，才会有追求卓越和创新的精神。它是师德的核心，只有它才能触动幼儿的内心，只有它才能收获丰硕的果实。“没有爱，就没有教育。”教师的天职是给孩子以希望，教育是播种希望的事业。以大爱的心胸去关爱幼儿、热爱幼儿，让教育与爱同行。爱是一种伟大的情感，它总在创造奇迹。当我们望着孩子那双渴求知识的眼睛，就像置身于灿烂的星空之中，在这片闪烁的星光里，我们终将找到清澈如山泉的真、善、美。

古代大教育家孔子呕心沥血、以教为重的精神教育着我们；现代教育家陶行知先生从教几十年，“捧着一颗心来，不带半根草去”，始终安于“粉笔生涯”的献身精神、鞠躬尽瘁的高尚情怀激励着我们，增强了我们热爱幼教事业的信念。孔子曰：“其身正，不令而行；其身不正，虽令不从。”教师工作的“示范性”和孩子所特有的“向师性”，使教师在幼儿心目中占有非常重要的地位。古今中外无数事例证明，育人单凭热情和干劲儿是不够的，还需要以德立身、以身立教。常言道："学高为师，德高为范。""教书育人，教书者必先学为人师，育人者必先行为世范。"教师需要从小事做起，从自我做起，率先垂范，做出表率，以高尚的人格感染人，以整洁的仪表影响人，以和蔼的态度对待人，以丰富的学识引导人，以博大的胸怀爱护人。只有这样，才能保证教书育人的实效，幼儿才会"亲其师，信其道"，进而"乐其道"。

我们总会向往辉煌灿烂的明天，但明天是由每一个今天"垒成"，有向往、有行动、有坚持，方能使刹那变成永恒，使梦想变成现实。立师德，铸师魂，练师功，树师表，是我们共同的心声，更是幼教人坚定的誓言！我们永远不会忘记自己肩负的责任，在传播知识的同时，也把爱种在孩子们的心田，为孩子们点燃希望之灯，用爱心承载孩子们人生的希望。为了太阳底下最光辉的幼教事业，让我们携手并肩，不犹豫，不彷徨，风雨兼程，勇往直前！

一、拆文解字，话师德

“德”——小一班

德： 甲骨文=（行，四通大道）（直，不曲折，不犹豫），表示大道直行。金文将甲骨文字形中的“直”写成。有的金文加“心”，突出心胸坦荡的含义。篆文为便于书写，将“直”略变形写成，于是本为“直心”的字形“”变成了“十目一心”的。

造字本义： 动词，看清道路的方向，没有困惑、迷误，大道坦荡直行。楷书将篆文字形中的写成彳，将篆文字形中的写成，将篆文字形中的写成。在道家思想中，“道”代表自然规律，是道家世界观的核心；“德”代表顺应自然规律的法则，是道家方法论的核心。古籍中“德”与“得”有时因同音而相互假借。

师德解释： 在师德中德为根本，就是恪守道德规范者的“操守”“品行”。坚守为师之道，不忘初心，德行育人。

“关”——小二班

关： 關，金文（两个“十”，是两个“又”，即“廾”的简写，双手），表示双手将敞开的两扇门合上，阻止进出。有的金文用“串”代替“廾”，表示将一根门栓穿插进左右两扇门上的栓孔。

造字本义： 动词，将门栓插进左右两扇门的两个栓孔，紧闭大门。

师德解释： 1. 用眼睛去看幼儿的行为和发展情况。

2. 用心对待每位幼儿，重视幼儿的个体差异。

3. 关心、重视每位幼儿。

“范”——小三班

范： 篆文=（艸，香草）+（水，沐浴）+（人）。

造字本义： 沐浴、薰香，远古贵族、雅士的生活方式。隶书将篆文的写成“艹”。合并字“範”，篆文=（竹，竿）+（车，车箱）+（人，乘客）。

造字本义： 古车上防止乘客坠车的竹围栏。“范”的本义解说，完全来自对字形的分析，目前只有《礼记·檀弓下》的一个句子（范则冠而蝉有緌）勉强为据。范是铸造的模具，“模”“范”两个字都是铸造用语，中国很早就使用泥范铸造青铜器了。现代作为名词：框架、样式、标准、榜样。

师德解释：师德为先，身正为范。教师的示范就像一把标尺一样，是最为准确的标准和榜样。示范是幼儿期的重要学习方式，幼儿的学习以模仿为主要途径。幼儿通过观看教师的示范，一次次地进行模仿，从而形成习惯。因此，正确的“范”在学前教育阶段尤为重要。

“正”——小四班

正：甲骨文=（口，城邑、方国）+（止，行军），表示征伐不义之邑。

造字本义：行军征战，讨伐不义之地。有的甲骨文将表示方国的方框写成实心点的指事符号，写成指事字。金文承续甲骨文字形。有的金文将指事符号由实心点改写成一横。篆文承续金文字形。隶化后，楷书将篆文字形中的写成。当“正”的“征战”本义消失后，甲骨文再加“彳”（行）另造“征”代替。古人称不义的侵略为“各”，称仗义的讨伐为“正”。

师德解释：作为教师应该纠正自己做错的事情，防止自己犯错，要自律。要有不偏袒的态度，要一视同仁。要走一条有自己风格的道路。当我们面对错误的事情或者不好的事情时，应该严格自律，有尺度、有分寸。在为人处世上，要放慢脚步，张弛有度地认真行走，走出一条正确的道路。

“灯”——小五班

灯：有光明的地方，就有人类文明。数万年前，人类就已经懂得使用火。“灯”字可以拆解为和，古人把“燈”称灯，应是字义的假借，灯是从豆演变而来，古籍中有记载：灯源于豆，瓦豆谓之登。

师德解释：如今灯的寓意就是零丁的火苗。一盏灯足以照亮黑暗，前行的路上不需要强烈的阳光，能够照亮方向便足够。在这里，灯象征着老师就是一盏引领幼儿快乐发展的明灯。

“慈”——中二班

慈：金文=（丝，疑为对“兹”的误写，渐生、渐长）+（心），表示父母对子女生长的关爱。有的金文用“兹”代替“丝”。

造字本义：动词，父母尤指母亲怜爱自己生养的幼稚、弱小的子女。篆文承续金文字形。隶书将篆文字形中的写成，将篆文字形中的写成。慈，既是声旁，也是形旁，表示草木渐生、渐长。慈也多用于对人称自己的母亲：家慈，慈颜，慈命。对父母的孝敬奉养：孝子慈孙。

师德解释：教师要有一颗仁爱之心，对待幼儿要像母亲对待自己的孩子一样，关爱幼儿的成长，关注幼儿的发展。

"思"——中三班

思：篆文——（囟，脑）+（心），表示脑和心的能力。字的本义是指把人、事放在头脑、心坎里。字形采用"心"做偏旁，采用"囟"做声旁。所有与思相关的字，都采用"思"做偏旁。造字本义：用头脑考虑，用心灵感受。

师德解释：教师要用心去感受、关注、观察每个幼儿。

"勤"——中四班

勤：（金文）左边是，代表谨慎约束自己。右边是，代表一种形象的工具，表示要用力气做事情。勤字在用词中的多种解释：1. 尽力地做、不断地做、不偷懒。如：勤劳、勤奋、勤政、勤恳。2. 为某人、某事尽力帮助。

师德解释：师德是一名幼儿教师的基石，包括为人师表、以身作则、循循善诱、诲人不倦等。"勤"字在师德中也是有体现的，首先在工作中要手勤、眼勤。当孩子有需要的时候，能在第一时间勤加询问，然后要根据孩子的需求给予帮助。为了孩子能够有一个更有利于发展的环境，教师还要做到勤于思考，勤于学习，要发扬崇高师德，"勤"字为本，"苦"字殿后，干在过程、乐在其中。面对幼儿要恪尽职守，勤奋勤恳，方得始终。

"爱"——中五班

爱：=（欠，一个人张着嘴巴，表示呵气或喃喃倾诉）+（心，同情、疼惜），表示疼惜、呵护，倾诉柔情。爱的象形文字中间由心字组成。爱分为很多种，有父母对孩子的爱，也有老师对孩子的爱等。爱字的本身由心而发，是发自内心的爱。

师德解释：老师对孩子的爱就像父母对孩子一样，同样由心发出，爱孩子，包容孩子。爱就是了解，爱就是关心，爱就是尊重，爱就是责任。教育工作，是一项常做常新、永无止境的工作，爱也是无止境的，我们将一如既往地做下去。

"心"——大一班

心：甲骨文是象形字，字形像包形的心脏器官。金文在包形器官的基础上增加了动脉和静脉的入口管道。更形象，并在包形器官的内部增加一点，表示血液的指事符号，整个字形像人体内包形的泵血器官——心脏。有的金文简化成血管形状。有的金文省去表示血液的指事符号。

造字本义：名词，人体的泵血器官，从静脉接受血液并将其压入动脉，从而维持血液在人体整个循环系统中的流动。篆文基本承续金文字形。隶书变形较大，至此，泵血器官的包形消失、血管形状消失。古人发现，心不仅是泵血器官，还是感知器官，具有直觉思维的能力。

师德解释：作为教师，在师德方面要具备为国育才尽忠心、体贴学生献爱心、因材施教具匠心、淡泊名利求清心、心存高远展雄心的人格和品质。“五心”是对教师在教育、教学各方面的精确总结和要求，在不同的方面和层面对教师在教育事业中提出方向性和深度性的要求。作为一名教师，不但要牢记“五心”，更要将这“五心”内容化为自己的行动指南，把“五心”作为规范自己言行的标尺。

“育”——大二班

育：甲骨文=（人，指女人）+（即倒写的“子”，表示出生的婴儿）像妇女生孩子。上为“母”及头上的装饰，下为倒着的“子”。“育”与“居”本同源，后分化。

《说文解字》里说：“育，养子使作善也。毓，育或从每。”意思是说“育”就是生育、养子的意思。“育”字或从“每”，作“毓”，是“育”的异体字。“育”有时与“养”义同。现在，有些方言把“生孩子”说成“养孩子”。到后来“育”“养”的含义就有区别了。再后来，就又引申出“培养”“教育”之义，如《孟子·告子下》里说：“尊贤育才，以彰有德。”意思是说，要尊敬贤者，培养人才。

师德解释：教书育人是教师最核心的职责与任务。教书是育人的重要手段，育人是教书的根本宗旨，二者相辅相成，辩证统一。《师说》中说到：“师者，传道授业解惑也。”作为幼儿教师，我们的教育目的是培养幼儿良好的行为习惯和学习品质，这不仅体现了教师教书的职责，同时也有育人的职责。

“舒”——大三班

舒：篆文将省略下部之，写成一个，又与上部之“余”相合而化作“舍”，成为从予、舍声之形。从舍，从予，予亦声。“舍”为放在一边、放弃、舍弃，也表示放开、放松之意；“予”有给予之意。能舍之人必有无私之心，心为自由之心，身体从心而行，此乃舒展、舒畅。

造字本意：“舒”为“舍”“予”。“舍”是舍得，“予”是“我”。舍得，有舍才有得，唯有我舍，才有我得。助人为乐，施予他人，与己欣慰。故而，“舍”“予”既能给别人带来快乐，又使自己感到舒畅。字解：只有给予、付出和奉献，才会感到真正的舒服、舒适和舒畅。

师德解释：舍得付出才能收获幸福。大象无形，大爱无声。唯有源自内心对教育的深爱，默默地奉献自己的青春，承担责任，才能实现自己的人生价值。舍得付出，才能收获更多！付出了自己，不愧为人师，从而过得舒心、舒畅。而对于孩子而言，通过教师各方面的付出，才能够在舒适、温馨的氛围中快乐成长。

“教”——大四班

教：在甲骨文中可以直观地看出：这个“教”字是一位长者在左侧站立，稍微弓身下视面向右侧，右侧是一个孩子张开双臂，像非常高兴、雀跃的样子，快乐地仰视着这位长者。而孩子的头顶上则是一个“爻”字。甲骨文的“教”，极其简洁而生动地将什么是“教”、如何“教”以及“教”什么的信息，全部精确地浓缩在这个小小的方块字形图案之内，令人叹为观止！

今天所使用的“教”字，仍然延用甲骨文中的“教”。将其置换成以“孝”代表育人的儒学教育思想，也代表规范性的品格教育。字解：把知识和技能传授给别人。

师德解释：教师对每个孩子都用心教授，循循善诱，诲人不倦，因材施教。培养幼儿良好的品行，激发幼儿创新精神，促进幼儿全面发展。

二、拆文解字，画师德

平　等

图 2

教书育人，师德为魂。用希望之光点亮祖国的未来。教书育人，师德为魂。平等为先，教师永远用希望之光去照耀那些祖国未来的花朵，让他们开得更加艳丽、夺目（图 2）。

——路世锦

鸡妈鸭仔图

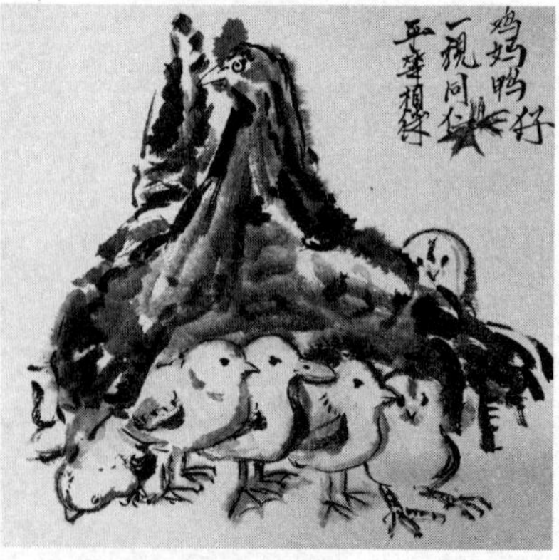

图 3

画面中的鸡妈妈象征着幼儿园教师，而鸡妈妈翅膀下面的小鸡、小鸭则象征着幼儿。鸡妈妈没有因为小鸭不是自己的孩子而差别对待，而是同样呵护在自己的羽翼下，施以同样的关注和爱。正像幼儿教师要全面关心每一个幼儿，无论是优秀的孩子还是调皮的孩子，无论男生还是女生，他们都有得到表扬与尊重的权利，所以要公平对待每个幼儿。幼儿教师要帮助每一个幼儿都成为最好的自己（图3）。

——杨春意

平　衡

图4

幼儿教师的职业生涯就像行走在平衡木上，心中的天平稍不留心就有可能倾斜。因此，作为幼儿教师，要时刻把师德放在首位。工作要端正心态，以平和的心态面对每一天、面对每一个幼儿，以愉悦之感走好自己的职业生涯(图4)。

——冀文桦

真爱你、我、他

图5

教师如果有一颗仁爱之心，就会潜移默化地影响幼儿，使幼儿逐渐学会互相关爱、互相谦让、互相帮助，对动、植物也会多一份关心与爱护（图 5）。

——韩凤玲

会爱才会教

图 6

德者，师之魂；爱者，师之行。热爱幼儿，尊重幼儿，要真正地深入到孩子们的内心世界。观察他们的言行，了解他们的兴趣与需要，才能满腔热情地把自己的所知、所解与幼儿共享，让孩子们喜欢学、爱学、乐学（图 6）！

——付蓓蕾

心中有爱

图 7

俗话说：“无爱不成教。”爱是教育的灵魂。热爱每一个孩子是教师最基本的职业道德，是教师对孩子进行教育的基础。教师要用自己真挚的爱与孩子们建立起深厚的感情，成为孩子们心目中的“大姐姐”“大朋友”（图7）。

——张志娟

沟　通

图8

师德是教师之魂，作为一名教师要具备良好的道德修养和职业素养，要在一言一行中体现师德。教师要学会与幼儿沟通，用平等的心态去了解幼儿，用平等的目光去审视幼儿，用自己的亲和力去感染幼儿，深深地走进幼儿的心灵，成为他们的伙伴、朋友（图8）！

——任雪梅

老师的爱

图9

在幼儿心中，老师就像自己的妈妈一样！因此，老师对待幼儿要做到：不疏远，不亲近，给予每一名幼儿公平的爱（图9）。

——黄思妍

师为镜 善育人

图10

教师的一言一行都对孩子起着潜移默化的作用。教师需要从小事做起，从自我做起，率先垂范，作出表率，以高尚的人格感染人，以整洁的仪表影响人，以和蔼的态度对待人，以丰富的学识引导人，以博大的胸怀爱护人。只有这样，才能保证教书育人的实效，孩子才会“亲其师，信其道”，进而“乐其道”（图10）。

——张志娟

适量进食 关注健康

图11

在进餐时坐姿要端正，小脚并拢，放在椅子前，身体紧靠桌子，一手扶着碗，一手拿着勺子。吃饭时，小嘴巴不说话。饭菜搭配着吃，一口饭来一口菜，要多吃蔬菜，不要挑食。肚子吃饱了就好，每餐吃得适量即可，避免过饱，以免危害健康（图 11）。

——岳 娜

童心同乐

图 12

在童真世界里，
是教师的依偎呵护带给幼儿舒适！
是教师的柔情话语带给幼儿畅享！
是教师的慈祥面容带给幼儿安逸！
是教师的温暖陪伴带给幼儿享受！
是童心相伴，亦是同乐相随（图 12）！

——刘 萌

真情教书，真心育人

图 13

真情教书。教师用自身的道德行为和魅力感染幼儿，不仅要做到口头传授知识，还要行动起来，起到模范作用。

真心育人。教师要关心、爱护幼儿，同时做到平等、公正地对待每一位幼儿，促进幼儿全面发展（图 13）！

——梁熏元

用“心”陪伴幼儿成长

图 14

在幼儿工作中，最重要的就是要拥有“爱心、细心、耐心”。作为幼儿教师，我们不仅仅承担着教书育人的工作，也要保证孩子们在幼儿园时的身心健康。教师要时刻怀揣着一颗爱心，把每一位孩子当做自己的家人一样对待，在学习、生活中细心陪伴、照顾他们，帮他们掖一掖被角，洗手时挽一挽袖子，耐心地照顾好他们生活中的点点滴滴。这“三心”缺一不可，只要把这“三心”凝聚成一颗心，我们的孩子一定能够茁壮成长（图 14）。

——朱浩尘

系 鞋 带

图 15

一个小小的孩子，一根细细的鞋带，一份安全的记挂，一句温柔的叮咛："孩子，等等。鞋带开了，我帮你。""谢谢老师。"

师爱是陪伴，师爱是关怀。师爱是默默关注，无私付出。师爱既是三尺讲台上的慷慨激昂，也是弯腰、低头间的细心体贴（图 15）。

——高洁芳

童　趣

图 16

身为老师，真诚待人，充满耐心，播撒智慧，永远保持一颗童心，做孩子们的好朋友（图 16）。

——于　鑫

SHIDE ZHU SHIHUN
DISIZHANG

第四章

学为人师，行为世范——师德践行篇

导语：

多年以来，教师们无私奉献、默默耕耘在幼教这片热土上，用爱心、知识、智慧点亮幼小的心灵，培养出一批又一批优秀的孩子，让他们走进小学校的大门。幼儿教师这一职业，为我国幼教事业的发展、为国家教育事业的发展和民族振兴做出了突出贡献。

“天空没有留下翅膀的痕迹，而我已经飞过。”每次读到泰戈尔的这句诗，都会让我们心里感受到强烈的震撼。在人类所有的爱中，最高尚的便是师爱。因为它是一种只讲付出、不求回报，只讲智慧，严慈结合、刚柔并济，是一种无私、广阔而没有血缘关系的爱。这种爱是神圣的，是教师教导孩子的感情基础。孩子一旦体会到这种感情，就会“亲其师”，从而“信其道”，也正是在这个过程中，教育实现了其根本的功能。师爱，如鲜花一般灿烂、美丽！

教师对孩子的爱，是师德的核心。“德高育人早成才”，当好一名教师的另一个必要条件是德要高。因为我们教师肩负着教书育人和为国家的建设培养合格人才的责任。你要育人，就得处处给幼儿做表率，时时关爱幼儿的成长。在不同幼儿的成长道路上，教师的关心与鼓励很重要，有“四两拨千斤”之效。因此，对于年龄不同、性格迥异的孩子，老师只有因地制宜、因材施教才能进一步调动和发挥、发现和挖掘每个孩子的潜能，以使每个孩子在原有认知发展水平的基础上，更上一层楼。

作为一名合格的新时期幼儿教师，我们不仅对孩子要充满爱心，还要努力做好学问，用丰富的知识和良好的品格来教育幼儿，要努力树立自己的形象，规范自己的行为，为世人做个好典范，成为社会中的楷模。身为教师，我们还要成为追求真才实学的榜样，不能满足于先学于孩子，还要坚持继续学习，坚持终身受教育。随着社会的发展，高科技的发展突飞猛进，让人感觉到一旦停止学习，就会落伍。当今的时代，人们只有具备了学习的能力，具备了可持续发展的能力，才能获得生存的社会位置。教师不仅要保持一种勤奋好学的精神，还要把学习能力无私地传授给孩子。

“教师无小节，处处是楷模。”丰子恺把人格比作一只鼎，而支撑这只鼎的是：思想——真，品德——美，情感——善，只有“三足鼎立”，真、善、美和谐统一，才能称得上是一名合格的优秀幼儿教师。

为树立良好的师德、师风，提升教师思想道德素养，展现教师的个人修养，我园多次组织教职工开展师德故事宣讲活动。教师们通过一个个鲜活的事例，讲述自己身边感人的师德故事，用朴实无华的话语诠释着对“爱与责任”“奉献与收获”的理解。

故事一：爱孩子就要善于发现孩子的闪光点

王欣欣

一切师德要求都是基于教师人格，因为师德的魅力主要从人格特征中表现出来。我每天都带着一份好心情投入到工作中，面带微笑迎接孩子。看到家长放心地把孩子交给我，孩子在我的带领下玩得很开心，我觉得这就是我工作的价值和意义。幼儿园的孩子像刚出土的嫩苗，需要“园丁”的呵护和培养。今年，我的儿子出生了，我也成为了妈妈。作为母亲，我对孩子倾注了全部的爱，关怀着他的成长，这种情怀是无私的、投入的。每当儿子在成长过程中取得了一些进步，我都会非常高兴，这种喜悦之情溢于言表，可以消除一天的疲劳。每个孩子都是母亲的宝贝，工作中，我也如同对自己的儿子那样对待班里的每一个孩子。我深深地体会到，情系幼儿，像母亲一般热忱地爱每个孩子，这样你就会感到有意义。幼儿身体健康，情绪愉悦，学习进步，你就会喜悦，就能感受到工作的快乐。

任何一个孩子都有自己的优点，教师要善于发现幼儿的闪光点，千方百计地让他们的闪光点真正“闪光”，使幼儿的自信心和上进心得到充分的发挥。

记得以前班上有个叫果果的小朋友，一天从早到晚总是出现状况，几乎没有安静的时候。吃饭时，饭粒掉了一桌子、一地；加餐时，牛奶洒了一桌子；区域活动时，玩具弄得满地都是；户外游戏时，别人都要回来了，他还磨蹭着刚穿好鞋出来；画画时，图画纸弄个大窟窿。就是这样一个着实让人头疼的果果。但是，慢慢地我发现，虽然果果动作慢，但是他从来不和小朋友们争抢。虽然他学本领不太认真，但是，他从不影响别人学本领。虽然他注意力不太集中，但他总能对自己的失误及时地做出补救。果果是个大度的小朋友，不论别人怎么对他，他总能真诚地对待别人。有时，碗不够了，他能将自己的碗借给刚刚和他发生冲突的小朋友使用。果果是善良的小朋友，当别人遇到困难时，他总能伸出援助之手，用自己力所能及的方式帮助别人。记得有一次，看到果果急匆匆地拿了好多的纸巾，因为抽出来的时候可能很着急，弄了一地。我便批评了他，问他拿那么多纸巾干嘛。他说：“小聂流鼻血啦！我想给他拿纸擦擦，然后塞上。”原来他只是善良地想要帮助小朋友而已。他的话让我瞬间觉得，我刚刚的态度有问题，值得反思。我肯定了他的做法，然后请他把地上的纸巾捡了起来。

作为幼儿教育工作者，我能为孩子们做的就是真正地理解他们，以他们需要的方式来爱他们、引导他们，为他们创造形成各种优良品质的环境，充分尊重孩子的年龄特点，使他们能够健康、快乐地成长。

故事二：用爱灌溉每一株幼苗

王　元

作为幼儿教师大军中的一员，我不断地接到身边各行各业朋友们的各种“咨询”，有的人问我：“我家宝宝要上幼儿园了，公立园进不去，可怎么办啊？”有的人问：“你们幼儿园有没有虐童现象啊？”不止如此，周末出去逛街、吃饭的时候，也经常能够听到旁人议论发生在幼儿园的虐童现象。对于这些虐童现象，我在气愤的同时，也有一丝苦恼，幼教行业到底怎么了？古话说：“师者，传道授业解惑也。”现如今，怎么一提到幼教，就和虐童画上了等号呢？我认为，师德，是成为一名幼儿教师的根本，如果没有师德作为教师职业道德准则的基础，则无法成为一名合格且优秀的幼儿教师。

每个班里都有能力相对较弱的幼儿，别的孩子一遍、两遍学会的内容，他需要十遍甚至二十遍才能学会。其实，我并不惧怕遇到这样的孩子，我惧怕的是遇到不配合的家长，无论怎么和家长沟通，家长的话都是：“我们在家会做！”“我们在家做得好着呢！”“这个拉锁太紧了，所以他不会。”对于这样的家长，我深感无奈，我们班大局的家长就是这样。还记得我刚接这个中班的时候，大局还不会拉拉锁，既然在家不练，只好在班里学。我利用区域活动的时间教他。刚开始，无论我怎么示范，他也学不会，孩子自己急得直哭。没办法，我只好编了一首小儿歌。终于，经过一遍又一遍地说儿歌和示范动作，他总算学会了！我和他都激动不已。晚上，我开心地跟他的家长说：“大局特别棒！今天，他学会拉拉锁了！回家之后，您一定再陪着孩子练练，巩固一下！”家长高兴地答应了。但是第二天，大局又不会了，套用一句网上的流行语：当时，我的内心是崩溃的！我感觉自己的努力都白费了。没办法，只好重新来过，经过不断地教与学，大局终于学会了拉拉锁。

每个班都有这样的“小蜗牛”，他们爬得很慢、很慢，但如果我们因为他们爬得慢，而放弃他们，不等他们，他们就会停滞不前，甚至倒退。遇到这样的孩子，更需要教师的耐心与爱心，去帮助他们，不断地与家长进行沟通，希望通过我们的努力，家长能够正视孩子的问题，一起帮助孩子进步与成长。

这样的“小蜗牛”身上也是有闪光点的。我发现班里的地面上洒了水，没人擦，大局绝对是第一个去擦干净的；老师需要用工具的时候，大局也绝对是第一个跑去拿的。大局的热心肠常常让老师和小朋友们感动。经过中班一学年和本学期的成长，我们也看到他的进步，我真的为大局开心。教师要平等地对待每一个孩子，不能用一把尺子衡量全部的孩子，对于比较特殊的孩子更要多加关注。今后，我也会对大局严加要求，帮助他尽快追上班里的小朋友！

师德是教师素养的基本组成部分，它是教师和一切教育工作者在从事教育活动过程中必须遵守的道德规范与行为准则。作为一名青年教师，我会始终牢记自己当初成为一名幼儿教师的决心和信心，不忘初心，努力用爱“浇灌”每一名幼儿，始终坚持师德为先，用师德奠定良好的教育基础，为孩子们做出好榜样！

故事三：做孩子们的妈妈

景　峥

我是一名平凡的幼儿教师，陪伴着我的是一群群稚气的孩子，是数不尽的承诺和责任。我的事业就是在幼苗的根茎上浇灌人生的第一滴水，在幼苗的土壤里施下人生的第一把肥。我很庆幸自己能陪伴着、关注着、影响着、也见证着每一棵幼苗的成长。

一、原来我是后妈

今天师师很反常，原本不睡午觉的他，今天倒头就睡。下午两点二十分，孩子们揉着眼睛，陆续起床了，师师还是一副睡不醒的模样。我下意识地摸了摸他的额头："呀，还真有些热。"于是，我连忙把他送到医务室，跟师师的妈妈沟通后，师师被接走了。第二天一早，师师爸爸给传达室打来了电话："是任老师吗？""啊，不是，我是景老师。""啊！景老师，不熟。任老师在吗？"这句话可把我给噎得够呛。回想昨天，师师发烧，为了给师师降温，我楼上、楼下接水、送汤的，一句"不熟"真是让我的心凉了一半。放下电话的我，回想这半个学期，刚刚生过宝宝的我回到工作岗位，唯一与家长沟通的时间就是晚离园，这个时间又恰巧是我喂奶的时间，也就造成了现在这个情形。这让我第一次感到，我是"后妈"，心里有了压力，要想"后妈"变"亲妈"也不是件容易的事，需要我付出更多的努力。

冬去春来，开学了，孩子们都陆续来园了。上午九点，大门口传来了嘹亮的哭声，我正在猜想是哪个班的小朋友，一个小身影就映入了我的眼帘。我和阮老师异口同声地叫着："师师！"不论我们怎么劝，师师就是不跟我们回班。师师妈妈站在大门口，为难地说："真对不起，老师。我昨天跟他说好了去奶奶家。但我临时有事，师师没人看，只好把他送到幼儿园了。"说完，她匆匆地走了。我和阮老师一路抬着师师，把他抬到了班级门口。师师一落地，看到班里有小伙伴，瞬间收起了眼泪，乐了，叫着好朋友的名字，说："我还以为没有人呢！"师师进班后，就像变了个人似的，和小朋友们有说有笑，开心极了。但我知道，在园外的师师妈妈一定还在挂念。我拿起手机，拨通了师师妈妈的电话，把师师现在的情况和她进行了沟通，师师也用我的手机和妈妈通话："妈妈，我没事儿了。我不知道有小朋友来，以为你又骗我呢！"妈妈忙说："师师，对不起。妈妈没跟你说好。”晚上离园时，师师妈妈找到了我：“您是景老师。您好，我是第一次见您。谢谢您给我打的电话，要不，我这一天都很内疚，老想着师师，没想到您这么负责、这么细心。”师师妈妈的表扬让我有了信心。作为教师的我，家长把这么小的宝贝交到我的手里，是对我的信任，那我就要用我的细心和责任感来换取家长的信任和认可。从这一刻起，我对接下来要实施的“亲妈变身记”增加了信心。

豆豆人如其名，是班上最小的宝贝，原因很简单，豆豆的爸爸、妈妈袖珍、可爱，宝贝也一样。豆豆不吃的食物种类繁多：一是除了米饭，其余干粮一律不吃。二是除了味道可口、好嚼的肉可以吃，其余的青菜一律不吃。三是汤类，除了西红柿蛋花汤会喝一碗，什么豆苗汤啊，海带紫菜汤啊，喝了就会吐，一律不喝。

眼看着豆豆一天天地瘦下去，马上就变成“豆芽儿”了，我真是着急。就说今天的晚饭，对于豆豆来说，是“痛苦”的。两个干的小馒头，两个菜：蒜苗和圆白菜，外加枣粥。豆豆生气地坐在椅子上，连碗也不拿了，一个劲儿地翻着白眼儿，我鼓励着他：“快来，今天的菜可香了！跟以前炒的不一样，你尝尝。”好话说尽了，他依然无动于衷，我让他的好朋友子怡帮他拿碗，盛上了饭菜。但他依然很生气，瞪着那碗菜，就是不吃。我认真地和豆豆说着：“平时，咱有一个不爱吃的，或有一种不爱吃的，我帮你挑出去，都可以。但今天什么都不吃，那可不行。”抗衡之下，豆豆妥协地吃完了晚饭。过了几天，豆爸找到了我，对我说：“老师，我以前也较劲儿，现在脑子里长瘤子，就都看开了。儿子只要高兴，我就高兴。什么吃不吃的，不爱吃的就别吃了。我家豆豆就是有耐力，耐饿，耐渴，耐困，在家一天都不喝水，没事儿。”听到这些话，我有些吃惊。但我能理解在死神面前走了一圈儿的父亲，此时非常珍惜与儿子相处的快乐时光，他希望自己儿子永远快乐。但我知道，一个负责任的老师不应该就这样妥协。我跟班里其他教师了解了豆豆以前的表现，得知豆以前什么都吃，有不爱吃的，也不是完全不吃，也不会常常发脾气，但自从他爸爸住院、出院后，豆豆不吃的东西越来越多，脾气也越来越大，稍有不如意，就会歇斯底里地哭喊。这可能是他爸爸对他教育态度的改变造成的，以前是严加管教，现在是放任自流。我想任何孩子在这个过程中都会有变化。我非常理解豆爸的想法，我想我也应该让豆爸了解我是真心地为豆豆好，这是我们共同的想法。那天，和豆豆爸爸谈过话之后，我会定时和豆豆谈心，也会在豆豆每天离园时跟家长叮嘱几句，说说豆豆今天的在园表现，最后一定加上一句肯定与鼓励的话：“豆豆今天特别好！晚饭连个干的都吃了，可是榜样呢！”“豆豆今天练习节目时特别认真，男孩子都向他学动作呢！”“豆豆今天去小学参观，课堂上动脑筋回答问题，还得了个猪娃币，他可开心了！”在每周的联络本上，我也会特意为豆豆写上一周的信息，鼓励豆豆。虽然豆爸总是冷淡地回答、应和着，但随着我的坚持，豆爸的态度也有了改变。那天，从不主动和我打招呼的豆爸，临走前也主动和我打招呼并要求豆豆："豆豆，和景老师'再见'。"一年一度的身高、体重测查结果出来了，一向不合格的豆豆，这回合格了。就这样，我较真儿地工作，用心地工作，换来了豆豆的健康成长，也换来了他的真心："景老师，我们是朋友，对吧？"目送着他们渐行渐远，我的内心无比地满足，我付出的是汗水，是热情，是无私的爱，收获的是尊敬和爱戴，收获的是家长的信任和友情，收获的是孩子们纯真的爱。

二、像妈妈一样关照着我的孩子

天天是班里特殊的孩子，因为他动物性蛋白质过敏，凡是有鸡蛋和牛肉的食物都不能吃，还因为他做过耳道手术，耳朵千万不能进水。他总是很紧张，有时会害怕小伙伴洗完手甩一甩，把水甩进他的耳朵里："老师，我的耳朵里有水吗？他甩水甩到我了。"每到洗手环节，我都会特别留心，让天天先进来盥洗。每次进餐，我都不会忘记天天的禁忌——蛋白质。在这里，也非常感谢厨房的叔叔们，每天给我们班送来专为天天做的不含动物性蛋白质的饭菜，但是汤是一起的，每次汤里没有鸡蛋，天天就会好开心。因为天天是南方人，很爱喝汤，但汤里没有蛋花的很少，每次天天吃完饭，他就会自觉地走到饮水机旁，接上一碗白开水喝，看着其他孩子喝着美味的汤，而他只能喝白开水，我的心里很不是滋味。那天，我下意识地问了问："天天，你在家都喝什么啊？""牛奶，我不爱喝，我爱喝豆浆。"从那天起，我时常会给天天沏点儿豆浆，如果早饭是有鸡蛋的菜，那么天天会吃到酱豆腐或花生酱。有一天，天气真热，大家排练了一天的节目，也没喝上一口水。"景老师，给你水杯。"哦？是谁这么贴心啊？我回过身一看，是天天。我很吃惊，因为他从不关心别人，今天他的这一举动，真是让我感到意外，非常暖心。我蹲下来，开心地接过了水杯，说了声"谢谢"，他还有些不好意思。看来，是我对他的爱和照顾，感动了他，让他也开始学着关心别人、照顾别人。我想这就是作为一名幼儿教师的快乐！

每一个清晨，我用灿烂的微笑迎接孩子们和家长的到来；每一个黄昏，我以愉悦的心情将孩子们的手交到家长的手里，亲切地说一声"明天见"。当孩子们雀跃地来到我面前问候"老师好"的时候；当我用刀为孩子们分发水果，他们关切地提醒我"老师，小心别割到手"的时候；当他们把我当作知心朋友，把心里的小秘密告诉我的时候；当孩子为我拿来治疗嗓子的药物时；当我严厉地指出他们的错误后，他们转过身改正，从不记恨我的时候；临近大班幼儿毕业，我们一同绘画"我的梦想"，悦悦说"我要当幼儿园老师"。当他们毕业前夕搂着我说："老师，我爱你。""老师，等我长大了，我要开车，带着你和小朋友们一起去旅行。”……我知道内心的快乐和满足是我舍弃了这份事业永远无法获得的。

我为他们做的和他们为我做的点点滴滴都是那么真实地存在于彼此的生命历程中。为此，我愿意终身从事这份神圣的职业，因为我在付出爱的同时，也在收获着爱的果实。

故事四：帅帅真帅

高洁芳

每个孩子都像一本书，需要细心地品读；每个孩子都像一朵花，需要耐心地浇灌；每个孩子都像一支火炬，需要有人把他点燃。然后，这本书会让你感动，这朵花会让你惊叹，这支火炬会产生巨大的能量，甚至照亮这个世界……然而作为一名幼儿老师，我要做的不过是细心、耐心、充满爱心地陪伴与支持。

帅帅是个慢性子的小男孩，做起事情来不着急、不着慌，说起话来总是慢条斯理的。“帅帅，今天的大衣是系扣子的……”“帅帅做得好吗？”他喜欢以自己的名字开头来说话或者提问题。开学之初，帅帅很不适应幼儿园的节奏，总是懵懂地问：“帅帅的椅子呢？帅帅的水杯呢？帅帅的……”好像所有的东西都在和他“捉迷藏”，让他总是找不到，搞得他很沮丧。而我总是领着他的小手，帮他找到这些物品，并告诉他：“帅帅，以后到这里来找就行，记住啦？”随着时间的推移，帅帅渐渐地能找到自己的东西了，萌萌的他似乎适应了集体生活的节奏和规律，他的优秀品质也开始展现。

有一次，早上的教育活动结束了，进入到如厕、洗手、饮水的过渡环节。当很多小朋友还在洗手间徘徊，帅帅拿着小水杯静静地坐在自己的座位上。我有点儿不相信一向动作缓慢的帅帅得了第一名。我先确认了一番：“帅帅上厕所了吗？洗手了吗？”得到的都是肯定的回答，那么帅帅真的是第一名。我在全班小朋友面前表扬了帅帅，我说：“咱们班的帅帅真帅！动作又快又安静，是第一名。”帅帅的嘴角浮现出一丝笑容，接下来，他没有像其他孩子那样受到表扬就得意起来，他还是不言不语、踏踏实实地做着自己的事情。第二天，帅帅又是第一个拿水杯喝水的，并且每一次喝水环节都是如此，这对于一直“慢慢”的帅帅来说真是个不小的进步呀！

我开始被他的认真打动了。我仔细地观察他的行为，原来每次老师说完一个要求，帅帅就会像小士兵一样立刻行动起来。虽然他的动作不快，可是就像龟兔赛跑中的小乌龟一样朝着目标一直努力，而其他动作快的小朋友先是溜达一圈儿，玩一玩，聊一聊，所以总是看到帅帅第一个稳稳地坐在小椅子上。他这种专注、认真的优秀品质也开始在学习中展现。上课时，他会一直看着老师，虽然他的作品不是最快、最好的。但是，他从老师说“开始动手”的一刻起就一直认认真真地做着，他做的橡皮泥小蜗牛很立体，他画的小鸟颜色很丰富，他的逻辑狗练习能够独立完成，他的儿歌也能很完整地说出来……这些跟他以前比已经有了很大的进步。

帅帅这个不起眼的小男孩，用他做事严肃、认真的态度让我对他另眼相看。也许他现在跑得不快，小手也不是很灵活，回答问题时总是很小声，但是他是听到“起跑”就冲出去，并一直坚持在跑的那一个；他是眼睛一直看着老师，用心在做的那一个；他是围绕着老师的提问，认真思考的那一个。那么上中班的他，升入大班的他，甚至是上学后的他会是什么样呢？我相信帅帅就是一支潜力股，他一定会越来越优秀的。

有人说过这样一句话：“老师不经意的一句话，可能会创造一个奇迹。老师不经意的一个眼神，也许会扼杀一个人才。”这就是蝴蝶效应，我们的一言一行都会对孩子产生巨大的影响。虽然教无定法，但是欣赏、包容会是我对孩子进行教育的不变法则！

永远用欣赏的眼光看待孩子，永远用宽容的心态面对孩子。每个人都愿意被人欣赏，每个人都有自己的闪光点。作为教师，用欣赏的眼光看待幼儿，会让幼儿更加自信、勇敢。世界上没有完美的人，每个人都会有不完美的地方，用宽容的心态接纳孩子，会给孩子营造更大的发展空间。

故事五：静待花开

韩凤玲

作为一名幼儿教师，要想使自己的心与孩子的心贴得更紧，就要用孩子的眼睛去观察，用孩子的心去感受，用孩子的语言去表达。用理解、尊重、信任、鼓励这四把金钥匙打开孩子的心灵之窗，成为孩子们的朋友，怀着一颗“一切为孩子”的心，走进幼儿的童心世界。

对于天资聪颖的孩子，我有意识地培养他们的品格和意志；对于性格内向的孩子，我用爱心、耐心铸成一把钥匙，寻找他的自信，打开他心灵的窗户……对于那些有特殊需要的孩子，他们虽然并不聪明、也不够可爱，但我会在他们身上倾注更多的关注与爱，因为他们比起其他孩子更加敏感，他们更需要教师的关心与呵护。他们就像一棵稚嫩的小苗一样，只要我们精心培育，他们就会慢慢地成长起来。对于自闭症和发育迟缓的孩子，他们在人际交往及触觉方面有一些问题，因此，在接他们时，我会主动微笑着和他们打招呼，甚至给他们一个夸张的拥抱，让他们通过耳濡目染，逐渐学会与人交往。在接送的路上，我将每一个环节都当做教育的好时机。遇到老师时，我会引导他们学着打招呼；经过教学楼一层的大厅时，我会让他们跳一跳、摸摸悬挂的小动物；上、下楼梯时，我会耐心地鼓励那些还不会交替走楼梯的孩子，边说儿歌边进行练习，这样既减少了学习的压力，又增加了学习的趣味性……他们的进步自然就不必说了。为了给孩子们创造更多的交流机会，我经过精心地思考将年龄大的和年龄小的孩子分在一组，让大孩子学会照顾小孩子，同时鼓励小孩子要加强练习，要以大孩子为榜样。对于发育迟缓的孩子，有时像喝水、穿脱衣服、开柜子，甚至一个“棒”的动作都要教他无数遍，但我始终保持着一份耐心，将动作一步步分解教，时常一两个月他们都没有明显的进步，但他们练得很卖力，我也大加夸赞，给他们一个大大的拥抱作为奖励。炫炫最初不会用杯子喝水，也不爱喝水，很容易上火。每次喝水时，我都会先耐心地给他戴上围嘴，冬天怕他弄湿衣服，我会在他的脖子上再垫上一块小毛巾，鼓励他一口一口地练习喝水。功夫不负有心人。经过几个月的练习，炫炫学会了自己喝水，他也更加自信，喝水时会很兴奋地自己拿水杯接水喝。

我想只要孩子们快乐、幸福，我就心满意足；只要孩子们进步、发展了，我就会感到无比的欣慰。只要有足够的耐心，相信虽然每朵花的花期不同，但它们总有绽放的一天。

故事六：我要看着大家玩

冀文桦

我很平凡，平凡得就像大海中的一滴水。我的工作也很平凡，平凡得就像广阔草原中的一棵小草。在平凡中，既没有光辉的历程，更没有显赫的业绩。但就是在这些平凡的日子里，我的心却实实在在感到了前所未有的满足与充实。如果说非要找出什么原因的话，我想，那是因为心中有爱。师爱是人类社会中一种特殊的爱。比起人类最本能的一种爱——母爱，师爱则体现为一种社会的、政治的高级情感。苏霍姆林斯基曾说过："教育技巧的全部奥秘在于如何去爱护孩子。"的确，热爱孩子是教师最难能可贵的职业感情。在教育孩子的过程中，师爱更体现出不可估量的作用。有时一个微笑、一个动作，就能打开孩子的心门，就能融化孩子心中的坚冰。作为教师，我的职业理念是：以爱心育人，育有爱心之人。

"爱"源于高尚的师德，"爱"意味着无私的奉献。教师对孩子的爱，不是出自个人的感情，而是出自社会的需要、教育的需要。这种爱是稳固的、深厚的，是与教师所肩负的社会责任紧密相连的。这种责任和爱能超越一切，汇聚成一股不可阻挡的力量，创造出光辉和伟大的事业。

因为有了爱，世界才变得如此多彩。因为有了爱，人类才有了巨大的进步。而我们教师所奉献出来的爱，使我们的孩子在爱的滋润下能够健康成长。但是，光有爱心，而缺乏爱的能力，那又会出现什么情况呢?

本学年，我们班有个叫嘉嘉的女孩子。她的脸蛋肉嘟嘟的，说话细声细语，做事嘻嘻哈哈。就是这样一个小女孩，在户外活动时，在体育锻炼中总是让你……

每次小朋友玩滑梯时，都会看到嘉嘉在滑梯下面转悠，眼睛看着小朋友滑。有一次，我问她："嘉嘉，你也去滑滑梯吧？"嘉嘉说："我就想看着小朋友玩。"边说边露出了甜甜的笑容。我又说："来，嘉嘉，我来帮你，你也上去滑一滑，可好玩了！"说完，我拉起她的手向滑梯的梯子走去，嘉嘉笑着，脚往后退，小屁股往后坐，边退边说："我就想看着大家玩。""别老看着了，你也和大家一起玩，多好！"我往前拉了拉她，她再一次往后退。我问："你为什么不和大家一起滑滑梯？"她在我的一再追问下，说："这个滑梯太高了。"

一天，我带着小朋友们来到小三班门口，然后小朋友们解散，开始自由活动。有的拍球，有的爬网，有的爬高，有的站在平衡台上……只见，嘉嘉第一个冲向了蓝色门的小滑梯，高兴地在那里爬上、滑下，乐此不疲。当发现我在注意她时，她扬起那张肉嘟嘟的小脸说："这个滑梯不高，这个矮，我能滑。"我指着边上一个更小的滑梯说："这个滑梯也小，你也滑一滑？"她说："那个不好扶。"等她滑下来后，我说："这个彩虹桥滑梯多好呀！你来试试？"她又本能地向后退，说："这个不行，这个高。"

从嘉嘉的表现可以看出，高与矮对于她来说是有明确界定的。在活动中，她认为有危险或者害怕的大玩具，都不敢去尝试。从滑滑梯这一活动中可以看出：第一，嘉嘉有着很强的自我保护意识。第二，在运动中，她的大肌肉动作发展比同龄幼儿差。针对这种情况，我决定帮她克服心理上的恐惧，迈出敢于尝试的第一步。

有一次户外活动时，我拉着嘉嘉说："你能教我滑滑梯吗？"嘉嘉看看，说："这个太大啦，这个太大了。"我说："我就想玩大的滑梯，你能陪着我吗？"在我一再要求下，她不情愿地与我一起走向滑梯，我连推带拉地把她哄上了大滑梯。她看看旋转的滑梯，又看看直滑梯，往直滑梯那边挪了挪脚步。"我在下面接住你。"她刚往前挪了一步，就马上坐下来，一点儿一点儿地蹭到滑梯口。我张开双臂，做好接她的动作。她出溜一下滑了下来："成功了！"她高兴得大笑起来。"嘉嘉真棒！"我向她竖起了大拇指。

作为一名幼儿教师，要学会等待孩子的发展。在等待孩子发展的同时，也要给孩子创造发展的空间与机会。有人说："如果一个教师把热爱教育和热爱幼儿结合起来，他就是一个完美的教师。"

我们幼儿教师最重要的不是教书而是育人，是在必要的时候，为孩子创造可发展的空间，要相信孩子在时机成熟时能够顺着你搭建的桥梁大踏步地前进！

用千百倍的耕耘，换来桃李满园香。

故事七：春天花会开

刘 倩

儿时的向往，使我从事了幼教事业。不经意间，几年的时光在平凡和平静中悄然逝去，没有留下什么骄人的成绩，也没有做出什么惊人的壮举。直到今天，我依然还坚守在这里。我不敢说十分热爱这份工作，我更不敢说为之付出了多少，但正是在这平凡和朴实中，我用教师的职业道德诠释着一个普通幼儿教师存在的价值和意义！

幼儿园的孩子像刚出土的嫩苗，需要“园丁”的呵护和培养。每个孩子都是母亲的宝贝，这也是我成为母亲后最大的感受。每个孩子都有着不同的特点，有的乖巧、有的活跃、有的聪明伶俐、有的却古灵精怪……我们班有这样一个男孩，白白的皮肤、大大的眼睛，还有令无数女孩都羡慕的一对长睫毛。就是这样一个可爱的孩子，脾气却倔强得很。每次上课，老师都会按照高矮个安排座位，而他却非要坐在第一排；老师请他往后坐时，他就会说：“不行。”任由老师怎样讲道理，他都会坚持说：“不行。”在操场上做操时，老师请小朋友们找点站好，他会跟别的小朋友去争抢一个位置，老师说：“请后来的小朋友站在旁边的点上。”他的回答还是：“不行。”真是一个让老师头疼的小家伙。

在一次次的说教无效后，我的脑海里总会浮现两个选择：“放弃”还是“坚持”。作为教师，我面对的不仅仅是进步凸显的孩子，还有一部分是所谓“问题百出”的孩子。“海纳百川，有容乃大。”作为教师，我要接纳所有的孩子，因材施教。有些教育能够很快看到实效，但有些教育却是潜移默化的，需要时间的积累和沉淀。这是教育的特点，也是教育的魅力所在。对于这个孩子，我不能用衡量其他幼儿进步表现的标准来衡量他，而是要根据他自身的特点，用妈妈般的胸怀去接纳和引导，他用“放大镜”的效应引起了我对他的关注。于是，我开始向有经验的老师请教，跟班里老师探讨解决的方法。当我再次面对这种情况，我会试着在他情绪激动的时候，给他一个拥抱或是递给他一把小椅子，让他坐下来，把激动的情绪转为平静，而后再跟他一起分析事情的因果，因为人只有心情平静了，才能更理智地看待问题。我和他一起寻找问题的解决方法，找到方法后用约定的方式来督促他，鼓励他尝试与伙伴友好相处，还会请班里的小朋友来帮助他，跟他做朋友，让他在朋友间关爱的氛围中感受关爱带来的快乐，淡化凡事“我为先”的观念，并学会用关爱的方式对待同伴。

师德——不是简单的说教，而是一种精神体现，一种深厚的知识内涵和文化品位的体现！阳光，是快乐和温馨的象征，是生命的渴望；阳光，是幸福和希望的象征，是成长的动力。春天给万物带来了生机，教师是为幼儿播洒阳光的人。我相信，只要春天来，花自然会开！

故事八：幸福的意义

刘 伟

有人曾说过："人类一切努力的目的在于获得幸福。"身为一名幼儿教师，我在求得个体生存的同时，也在承担着教书、育人的责任，更从中获得了真切的幸福。我无时无刻不在享受着和孩子们共同生活的乐趣，无时无刻不在享受着幼儿教育的幸福。我工作着，也幸福着。

还记得我刚休完产假，回到工作岗位上，也是刚刚进入一个新的班级。将近一年没有上班的我，还不太适应这种快节奏、高强度的生活，导致自己很疲惫。这时候，孩子们都会暖心地说一句："小刘老师，辛苦了。"虽然只是简单的几个字，却像一汪清甜的泉水，滋润着我的心田，消除了我的紧张情绪疲惫。

也许有人会说："幼儿教师就像一个小保姆，日常工作又繁琐又劳累，有什么幸福可言？"甚至还有人看不起幼儿教师，认为幼儿教师不需要什么技能。事实上，作为一名真正合格的幼儿教师，必须具备全方位的技能，除了要具备教师专业基本功之外，还要有细致的观察能力和良好的沟通能力。

最近，我发现我们班的大宝有些反常。不管是进餐、加餐，还是参加活动的时候，大宝基本上都是最后一个完成。进餐时，他把桌面、地面和衣服上弄得一塌糊涂。我曾尝试过很多方法，表扬、鼓励，同伴带领，物质奖励，但这些方法都不太奏效。大宝本来就有些跟其他小朋友不一样，这样一来，他就更为明显了。看着这样的他，我很是着急。

一天下班，我找到大宝妈妈，向她了解最近大宝在家里的情况。大宝妈妈跟我说："最近，他在家里也表现出一副破罐子破摔的样子，什么都不在乎。我跟他爸也很着急，不知道是不是因为弟弟事事都比他做得好的原因。"我也向她介绍了孩子在园的种种表现。经过沟通，我发现，大宝最主要的还是自信心不足，而且他还需要老师更多的关注。针对吃饭的问题，妈妈提出给他戴个围嘴的建议。我想了想，没有接受这个建议，因为在我心里，我并没有认为大宝跟其他幼儿不一样，我也不想让大宝认为他跟别人不一样。我跟大宝妈妈说："最近一段时间，我会把更多的精力放在大宝身上，帮助他寻找自信，督促他做事情，让他自己认识到他跟别人是一样的，实在不行，再戴围嘴。"大宝妈妈接受了我的建议。

找到了大宝的症结，我就开始对症下药。我先找大宝谈话，跟他讲道理，让他明白他跟其他小朋友是一样的，不要总想着搞特殊，并给他制订了“集星换礼”的游戏方案。我们约定，只要他三餐按时吃，并保证桌面、地面、身上都很干净，就可以得到一颗星，集满一周的星星，就可以换一个小礼物。我还告诉他，他的妈妈也知道这件事，也会在家里帮忙监督的。“集星换礼”的游戏开始了，收到了一点点的效果。大宝妈妈也感受到了孩子的点滴变化，很是欣慰。看到孩子有了变化，我心里也充满了幸福感。

幸福，到底什么是幸福？幸福，是孩子母亲遇见我，一个劲儿地说个没完，而孩子却藏在母亲身后，调皮地和我交换脸色，做出一个个滑稽的鬼脸；幸福，是为孩子擦去委屈的泪水；幸福，是孩子从衣兜里掏出留给我的小食品；幸福，是抚摸着孩子送给我一件件自己制作的小礼物；幸福，是翻阅相册时看我和孩子合影的时候。蓝天，因为有了白云的依偎，才如此澄澈；高山，因为有了山花的依恋，才这样巍峨；大地，因为有了绿草的点缀，才生机盎然。而我，因为有了可爱的孩子们，才如此幸福。

行走在幼教的路上，我感觉自己越来越精神了，我的内心满满的都是幸福。我爱我平凡的幼教工作，我享受着幼教工作带给我点点滴滴的幸福。我工作着，我幸福着。

故事九：发现每一位幼儿的闪光点

鲁天骄

作为一名刚刚走上工作岗位的年轻教师，从毕业至今，我来到崇文三幼工作还不到一年，也许在此时谈论师德显得有些稚嫩，但绝不会失掉我的真诚。现在，我的心中无比激动，也感到万分的骄傲和自豪。因为我和大家一样，从事着一项光荣的职业——教师。

说到教师，大家不禁想到，我们承载着“传道、授业、解惑”的光荣使命。在我看来，刚刚步入工作岗位的我在实际工作中还有很多需要学习的地方。幸运的是，单位的领导和同事都给了我最大的帮助和支持，让我能够如此顺利地适应这份工作。同时，孩子们也教会了我如何做一名心中有爱、眼中有爱、口中有爱的老师。

我们班的跃跃是典型的、动作比较慢的孩子。老师布置任务后，其他小朋友总能快速完成，只有他不紧不慢，总是最后一个。户外活动结束后，小朋友们都换鞋进班喝水了，他才拎着户外鞋，不慌不忙地走进来。但我发现，每一次最后回来的他总会把小朋友们鞋架上的鞋挨个儿摆放整齐，再进班，并把门关好。还有午睡的时候，他总是最后一个上床，小朋友们都躺下了，他才开始抹油，准备上床。这一天，他又是最后一个。我本想上前督促他快一点儿，可我听到他一边盖着擦手油的盖子一边小声说：“不盖盖子，油就干了。”并把擦手油放回原处。我突然明白，他最后一个上床是为了等小朋友们都上床了，把擦手油收好。这一举动引发了我的回忆，我才注意到他的“最后一名”都是有原因的。

那天晚上离园，眼看关门的时间就要到了。他却在楼道里捡贴画。我有些生气，催促他快一些，想拉着他赶紧下楼。这时，他举起了手里的贴画，说：“这是阳阳今天讲故事得到的贴画，他特别喜欢。可是，掉到柜子里了，我帮他捡出来。”那一刻，我尴尬地站在他面前，虽然他并不知道我内心因为他动作慢而生气、着急，但是作为老师，我没有了解到具体发生了什么就埋怨孩子拖拉，更没有看到孩子的热心肠和责任感，我很愧疚。

班里像跃跃这样有爱心、热心肠、责任意识强的小朋友还有很多，需要我去发现、去表扬。与其说幼儿园老师教会孩子做人、做事、学本领，不如说是孩子们教会老师去发现、观察、感受人性最淳朴、最真实的一面。世界上从来不缺少美，只是缺少发现美的眼睛。我相信，在以后的工作和生活中，我会勤于发现孩子们的美，看到每个孩子身上的闪光点。

故事十：言传身教

阮　唯

在教育的长河中，我已经度过了将近六年的时光。在这六年的工作中，没有什么轰轰烈烈的大事，更没有惊天动地的伟业。但是，六年来，我兢兢业业、认认真真地面对每一天的工作。

记得那是普通的一天，重复着每天都要做、但是每天又不太一样的工作。我们的工作主要面对的是活生生的人，所以在情感上总会有不一样地付出和不一样地收获，每天总会说很多的话，难免患上所谓的职业病，时不常地嗓子会有些不舒服，甚至会沙哑、变声。今天在进行教育活动的时候，我轻轻地咳嗽了几声。活动结束了，有个小朋友走过来问我："老师，你怎么咳嗽了啊？是不是感冒了？""老师没事儿，就是嗓子有点不舒服。"说完，我就让孩子们去喝水了。孩子们在喝水，老师们轻声地提醒着："小朋友们多喝水，每人一大杯。"边说边盯着小朋友们喝水。小朋友们喝完水后，陆陆续续到活动区开始了他们的操作活动。这时，一个小朋友跑过来，手里拿着我的水杯，站到了我的面前，用他稚嫩的声音说道："老师，你也得多喝水。以前，我嗓子不舒服的时候，我妈就让我多喝水，后来我就好了。"这个时候的我，满满的全是感动。这样的孩子，谁不喜欢呢？

回头想想，这几年虽然没有做什么事情，但是教师的职责不仅是言传，更是身教。我想孩子在这一刻展现的正是前几年老师的身教。这样一想，总觉得自己做了很多"伟大"的事情。不一会儿，孩子端着水就来了。接着，旁边的小朋友就围了过来，纷纷询问着："老师，你怎么了？""老师，你是不舒服吗？"言语里透着真诚的关心，这一切仿佛反了过来，以前他们还小，看到没有精神的小朋友，老师总会这样询问。现在，他们长大了，懂事了。一个孩子的关心可能来自于家长，个个孩子的关心肯定离不开老师们的言传身教。

一次事件的出现，反应出事件背后更多的付出。这一次，我被孩子所感动，同时也被自己所感动。孩子就是一面镜子，在这面镜子里，我除了看到家长，还看到了自己的身影。现在，我敢骄傲地说："我的孩子们都是很优秀的，都是很善良的。"这种自信来自于孩子们的关心，来自于我对孩子们的了解。相信有人问到孩子，他们也会说出"老师是喜欢我的"这句话。这是我们之间的默契。在这几年的时光里，我希望带给孩子们的除了知识以外，还有做人的准则和精神，坚持不懈，善良勇敢，关心他人等。而我要做的就是以身作则，运用专业的知识和技能带好他们、爱着他们。

故事十一：真诚的爱赢得童稚的心

刘玉敏

鲁迅先生说过：“教育是植根于爱的。”爱是教育的源泉，教师的爱心是成功教育的原动力，师爱是师德的核心。自参加工作以来，我始终将这句话铭记在心，且不断以自己的真诚之爱、宽容之心去赢得孩子们一颗颗爱我的心。

幼儿园的每个孩子都来自不同的家庭、不同的环境，具有不同的性别、不同的年龄，使他们形成了个体差异。记得，我曾带过一个从其他园转来的大班幼儿天天，他在原来的幼儿园里是出了名的淘气包，中午不睡觉，满园到处跑，弄得连园长都头痛。最后，经过劝说，他转到了我们崇文三幼。我通过家访了解到：他的父母感情不和，面临离异，孩子全由爷爷、奶奶带。父母疏于对他的关心与教育，隔辈人对他的疼爱与溺爱，使他在不一致的家庭教育影响下，养成了许多不良的行为习惯。如攻击性行为极强，经常不分场合地和小朋友打闹；上课不听讲，四处走动，故意影响别人；户外活动时，他也总爱跑到别人看不到的地方，好让老师找不到他而着急……在他身上出现的问题总是接连不断地反复发生。面对这个孩子，那时还很年轻的我也失眠了。我反复思考、查阅资料，并积极、主动地向园领导和老师们咨询、请教，我将采用什么样的教育方法和策略，才能帮助、引导这个孩子，让他有所改变呢！一本多元智力发展的书为我解答了难题。每个孩子的发展是不同的，作为教师，一定要因势利导，让他的能力得到充分地施展。于是，我调整了自己的心态，以平和的心态去接受和面对他所表现出来的种种不足，用我一颗真诚的爱心、耐心和恒心来接纳他。我开始降低对他的要求，给他一定的活动自由度，给他一些任务，让他选择自己愿意干的事。同时，我还让他参与一些具有挑战性的活动，从中体验成功的快乐，增强他的自信心，并及时发现他的点滴进步，在全班小朋友面前进行表扬、奖励，不断树立他的威信，帮助他和小朋友们建立友好的交往关系。

我的辛勤努力最终换来了孩子的变化，如在上课时，天天知道要坐姿端正地认真听讲了，他能主动帮助老师和小朋友们擦桌子、扫地、铺床。户外活动时，他不再争抢别人的玩具，知道玩玩具时要先和小朋友们商量一下了，也不再去危险的、老师看不到的地方了。相反，户外活动时，他还经常和老师一起做游戏，如打球、踢球、玩飞盘、打沙包等。他的个子高、力气也大，能和老师玩在一起呢！

那年大班毕业时，他的爸爸和爷爷看到孩子有如此大的进步，不仅送来了感谢信，还送来了一面大锦旗。他们为孩子来崇文三幼后能有这样大的转变而感到高兴，为此特意向我们表达真挚的感谢。看到家长对我们的工作如此满意，我感到非常高兴与欣慰。因为面对这样特殊的孩子，我没有选择放弃和逃避，而是用我真诚的、无私的爱赢得了这个孩子言行上巨大的转变。这是作为一名幼教工作者感到骄傲和自豪的事情。

现在，我园正在开展"师德微故事"演讲活动，并通过这些活动不断提高我园全体教师职业道德素养，有效推进我园的各项服务工作上了一个新台阶。展望未来，任重而道远。师德建设是一项长久的工程，我将不懈努力，在自己的实际工作中不断提升教育、服务的理念，并通过实际行动让师德之花开得更加阳光、更加灿烂！

故事十二：让爱托起明天的太阳

路世锦

有人说：“教师是人类灵魂的工程师。”有人说：“教师是燃烧自己，照亮别人的蜡烛。”有人说：“教师是甘为人梯，默默耕耘。”我说教师是平凡的，幼儿教师做的更是平凡而伟大的事业。春天给万物带来了生机；冬日给寒冷的大地送去了温暖。阳光，是快乐和温暖的象征，是生命的渴望。阳光，是幸福和希望的象征，是成长的动力。

幼儿教师正是播洒阳光的人。清晨，可爱的孩子们唱着欢快的歌，来到我们温馨乐园——粉色的家，作为老师的我热情、微笑地迎接他们，教他们穿衣和叠被，陪伴他们进入甜美的梦乡；整理好教育环境，愉快地同他们游戏。主动与活泼、可爱的幼儿打招呼，注重与调皮、捣蛋的孩子沟通、交流，却很少与听话、乖巧的孩子亲近，原因是这些孩子能自觉遵守规则，让老师省心、放心，使我没有意识到要走进他们心灵的深处。直到一件事情的发生，才让我突然间醒悟。

那是一天早饭后，我正在盥洗室收拾、整理，突然发现一修在门口站着，我忙招呼他到活动室开展活动。他好像没听见我的话似的，一动不动地站着，我以为他要上厕所，看我擦地，不好意思呢！我便催促他：“快上厕所，赶紧玩游戏去。”说完，我又去洗抹布，等我干完活、转过身时，发现他还在那里站着。我心想：这孩子怎么了？我有点着急，快步走过去，刚想问个究竟。忽然，看到一修用一种说不出的眼神凝视着我。刹时间，我们的眼神相互对视，有疑惑，有等待，有猜疑，有理解，也有接纳。一时间，我不知道说些什么，只是习惯性地走过去摸摸他的头，算是给几天没见面的一修一个安慰吧！一修也很自然地仰起头，说：“路老师，我好几天没来，都想您了。”“孩子，你太可爱啦！我也想你。”此时的我除了感激就是内疚，感激的是孩子在这么短的时间内就接纳了我，内疚的是我没有及时观察到孩子的内心，了解到孩子的需求。教育家苏霍姆林斯基曾说：“如果不了解儿童的心灵，不了解他思维和感知的特点，那么关心儿童的话将成为一句空话，也谈不上教育素养。只有用眼睛去看，没有用心灵观察，那不是教师真正的艺术。”今天，我找到了工作的盲点。明天，这将是我改变教育方式的出发点。

理解、尊重、宽容、接纳、善待是爱的前提，为了明天绽放的花朵，为了明天的阳光更加灿烂，让我用真诚的爱心、闪光的童心、善诱的耐心、无微不至的关心去讴歌我的职业、咏唱我的岗位、实现我的价值。我要用深深的思索、真挚的感情，唱出我心中最优美、动听的颂歌，让爱与美托起明天的太阳……

故事十三：成长

于　鑫

对于入职不久的我来说，印象最深刻的就是小班刚开学的时候，虽然已过了数月，但是依旧记忆犹新。我们的宝贝离开了大人，独立在园，他们不再依赖家人，哭闹不止，更重要的是他们开始自己尝试做力所能及的事了。我想，这就是独立的第一步。然而，也有一部分孩子，他们遇到了困难，表现得很无助，他们对自己不自信，内心恐惧独立的生活。

我们班有个男孩子叫小墨，他说话的声音很小。那时，他总是抱着自己的毛绒玩具，时刻不离身。但是不知从什么时候起，“我不会”成了他的口头禅。小朋友们都尝试着跟老师学一些本领，而他却不太一样。老师教小朋友们翻裤子，大家都做得很好，而他却连试都不试一下，就说：“我不会！”然后，快速地跑掉了，这样的事情越来越多。几天后，我们学习整理被子，我还没有教，他那句“我不会”的声音就已经响起。我安慰他说：“你仔细看着我做，你能整理成什么样儿都行。”我开始教了，而他安静地坐着，焦虑地东张西望，班里大部分孩子都尝试自己动手，而他没有翻一下被角，就说出了“我不会”。我对他说：“老师还能再教你，你别着急，你只要尝试着自己做，做成什么样儿都好。”于是，我在他的身边详细地给他讲解，手拿哪里、往哪里放。虽然我没有帮他做，但是他已经可以叠出大概的形状了，小墨看着自己的成果显然很惊讶，这是他第一次感受到成功的喜悦，那种发自肺腑的情感让他高兴了许久。从此，那句“我不会”再没有响起，久而久之，取代的是“于老师，你看我会做这个了”“于老师，我会，我自己来做”。从他身上，我看到了孩子成长过程中会遇到各种困难，唯有一颗坚强和自信的心，才会让孩子变得强大。我们每天积极地面对着这么多的孩子，可能有个别孩子由于能力达不到、缺乏自信而面临困难。他们就像是夜空中迷路的星星，老师的关注和引导显得格外重要。师德是对孩子的爱，是平等、无私的爱，让我感受到了一名教育工作者的“强大力量”。对于我这个90后来说，小墨的改变也在时刻提醒着我，教育的道路上虽然也有艰辛、困惑，但是不能忘记初心，坚持我的教育理想，才能慢慢地成长起来。我愿意做一名引路人，用我的爱去关心孩子、引导孩子，让他们每个人都散发出各自的光芒，自信、快乐地成长。

故事十四：爱与尊重

岳　娜

每天清晨，我面带微笑地站在幼儿园门口迎接孩子，从家长手里牵过一只只小手的时候，看到孩子快乐地走进幼儿园。那种稚朴、天真让我感动。于是，我在想：怎样才能让每个孩子在幼儿园里既能学到知识，又能快快乐乐地过好每一天，永远保持那份纯真与快乐。

尊重是爱孩子的一种表现，给孩子自由想象、创造、选择的空间。让孩子觉得自己有做主的权利，不受大人的限制，很自由，有更多自己发挥的空间。爱孩子不是嘴上说说，爱孩子需要你全心全意地用心对待每一个孩子，给孩子自由选择的空间。

孩子需要尊重。他们需要老师关注他、欣赏他、鼓励他。老师对孩子的一个微笑，都能令他们兴奋不已。

在教育活动过程中，只要有机会，我都会让每个孩子有自己选择的权利。记得有一次户外活动时，我多说了几个游戏，让孩子们选择。看着孩子们一双双小手举得高高的，在我的面前晃来晃去，有的孩子甚至举着手跑到我面前。看到孩子们争先恐后、生怕不选自己想玩的游戏时，我笑了。

在孩子们的眼里有想要的东西就会努力争取，他们会自己选择，有自己的想法。在区域活动时，孩子们创设了一个自己喜欢的区域，我会在区域活动中拿着小本子询问孩子们想要做什么、需要什么材料和工具，为他们提供支持与服务。在此过程中，我也了解到每个孩子的需要。

爱孩子，就是要用自己的关心、爱心去爱孩子。同样的，你也会得到相应的回报。在孩子们喝水的时候，我会目不转睛地看着孩子杯里的水是不是满满的，注意着地面上会不会有洒落的水。如果有水，我会在第一时间把水擦干，避免孩子们滑倒。其实，我的这些关注同样被孩子们看在眼里。当我说话时声音不那么洪亮、有点沙哑时，我的耳边就会响起这样的声音："老师，你喝点儿水吧！这样，嗓子会舒服些。"当我拿起剪刀剪东西时，耳边又会响起关心的话："老师，小心点，别剪到手。"多么感人的情形，多么天真、温暖的话语。我想这是用多少钱也买不到的真心关怀！听到这样的话语，我的心里有股暖流在慢慢地扩散。

孩子们的天真、孩子们的热情、孩子们的爱时刻感染着我，我清楚地知道自己从事的是阳光下最光荣的职业。我所走的路是一条充满青春气息和爱意浓浓的道路。我带给孩子们的爱应该是真挚的、无私的。

故事十五：不抛弃　不放弃

张　辰

师德是教师必备的基本道德素养和职业要求，是一种有感染力的品行，是一种自觉内化的高尚情感。自古以来，“师以德为本，育师先育德”。作为一名合格的教师，即是一名合格的传道、授业、解惑者。教师作为人类灵魂的工程师，不仅要教好书，还要育好人，各方面都要为人师表。

幼儿教师是人生的第一位启蒙老师，是第一位开智者，是教幼儿如何做人的先行者。我们老师的一言一行、一举一动都潜移默化地影响着他们，我们是幼儿效仿的榜样。因为，幼儿教师必须“正人先正己”，加强自身世界观的改造，不断提高自身的道德修养。

记得小班刚开学时，班里有很多小朋友都在哭闹，找妈妈、找爷爷、奶奶，还有的很黏人，身边离不开人。然而，这些都是时间问题，每个幼儿刚上幼儿园时都会有分离焦虑，过了这段时间，孩子们就会有所好转。

不过班里的这位小朋友着实让我头疼。吃饭前哭，睡觉前哭，起床后哭。他为什么哭？因为他懒得吃饭，懒得脱衣服，懒得叠被子！然后就用哭来传递信息，以为只要哭了，就会有人来帮他做这些事情，自己就不用动手了。刚刚开学的时候是这个状态，在幼儿园生活了几个星期后，他已经学会了自己很快地穿脱衣服，自己吃饭。但是后来，因为他生病在家休息了一段时间，这一下就回到了“解放前”，之前的努力都白费了，还得从头来过。每天一到吃饭前就开始哭，老师跟他说：“有什么问题说出来，光哭是没有用的，要是不想吃那么多，就跟老师说少盛一点。”后来发现，他性子比较急，看到自己碗里还剩很多饭就开始哭，跟他说：“你别哭，好好吃饭，你的饭也会变少的。”但是没用，再后来，我们每次就给他盛一点点儿，好让他没有那么大的压力和负担。然后，他吃完了碗里的饭菜，还可以再盛一些。慢慢地，经过老师的引导与鼓励，他也渐渐地学会了控制自己的情绪，有问题也会说出来了。

现在，社会上有很多类似的情况，幼儿不吃饭就喂，一直喂到幼儿吐出来，还有的就是，不吃就让幼儿饿着。我觉得，爱孩子是一种纯洁而高尚的情感，是做好幼教工作的前提和基础。热爱幼儿、关心幼儿、了解幼儿生活和学习情况，是教师对幼儿真正的爱，也是教师师德的核心。有个词叫“因材施教”，我觉得，在生活上也要“对症下药”。幼儿不吃饭，肯定有他自己的原因，只是他还小，不会用语言表达出来。这时，就需要教师通过对幼儿一举一动地细致观察，找出主要原因，再想出解决的办法。我是一名合格的幼儿教师，对待每一个孩子都是公平、公正的，我不会放弃我的每一个孩子，不论是在幼儿生活上，还是在幼儿学习上。

故事十六：塘塘大变身

张 立

幼儿入园初期，分离焦虑情绪明显，大部分幼儿对幼儿园、对老师和同伴都不熟悉，缺乏安全感和归属感。这个时期，帮助幼儿尽快适应幼儿园生活，增进与老师、同伴的亲密感，成为幼儿园活动的重中之重。《指南》中社会领域也提到："教师要抓住多种契机，增强幼儿的自尊、自信，培养幼儿关心、友好的态度和行为，培养幼儿良好的情绪情感，促进幼儿个性健康发展。"因此，幼儿园教师就像是一名神奇的"魔术师"，要为幼儿变幻出各种真实的社会环境，并以《指南》为指导，尊重幼儿的个性发展和成长需要，再适时添加一些"魔法"引导和支持他们，使他们在"魔法世界"里健康、快乐地成长。

开学初，我们以"教师节"活动为契机，开展了"老师爱我，我爱她"的送贴纸活动。孩子们自发地从家里带来了自己喜欢的贴纸，为老师和小朋友们"穿"上贴纸彩衣。很多性格内向和不易亲近的幼儿都被这种亲热的氛围所感染，鼓起勇气，为老师和小朋友们送上了一个大大的拥抱和甜甜的吻。孩子们在送贴纸的过程中，不仅亲近了老师，也找到了好朋友。这次活动也让我收获颇丰。刚入园的塘塘，他的分离焦虑表现异于常人，他从未流过一滴眼泪、露出过一次微笑、说过一句话。当老师邀请他一起游戏时，他总是表现出一副不情愿的样子，当小朋友要和他拉手时，他也会把手紧紧地藏在身后。只要他不想参加活动，他一定会坚持到底，绝不迎合。于是，我们邀请家长到幼儿园来单独沟通，也到他家里进行了家访，全方位、多角度地了解他的生活。从与家长的交谈中得知，弟弟的到来使他在家庭中失去了很多的爱，慢慢地，他开始抵触身边的人，拒绝大家对他的爱。了解到原因后，我对他的关注也更有策略。在音乐活动中，我关注到他的眼神和表情有所变化，于是，我抓住了他的微变化，先请他动手跟着节奏拍一拍，再握着他的手拿乐器敲一敲，慢慢地，请其他小朋友拉着他一起唱一唱。找到他的兴趣点后，在活动中，我将他的优点放大，并在各种活动中鼓励他、表扬他，引导他大胆被爱和爱别人。我对他一次次地帮助、鼓励和赞美，终于在教师节的活动中看到了他的进步。人群中，我看到他的身上贴满了很多精美的贴画，小朋友们把他装扮得更加帅气、可爱。他送我的小熊贴画和轻轻的拥抱，令我久久不能忘怀。

自从那次活动后，塘塘妈妈告诉我，塘塘每天回到家都会把老师表扬他的话告诉家人，把学到的本领展示给四个月大的弟弟看。他还告诉家人，这就是老师说的“爱的分享”。塘塘妈妈发来的信息，让我倍感自豪：“张老师，塘塘今天回来说‘老师表扬我啦，因为我帮别的小朋友搬椅子’，他特别兴奋，特别高兴。最近，他变得大方、开朗了许多，家里来客人也会很大方地介绍自己的幼儿园和老师，我们家也从鸡飞狗跳变得快乐、温馨了很多。我们全家都特别感谢老师们对他的引导和鼓励，塘塘的进步，老师们功不可没！”

在“老师爱我，我爱她”的送贴纸活动中，每个人的身上、脸上贴的不仅仅是漂亮的贴纸，更是孩子们那份浓浓的爱。教师对活动的精心设计充满了魔法色彩，不仅带给了孩子们自信和友爱，也让家长们感受到了老师的用心和孩子们的快乐，被“爱的魔法大变身”的塘塘会每天带着这份爱意来到幼儿园，不再紧张和焦虑，而是幸福满满地与爱自己和自己爱的老师、小朋友们一起度过快乐的每一天。

第五章

薪火相传，能量无边——正能量传播篇

导语：

北京是首都，东城区是首善之区，我们幼儿园把协作和对口支援、合作当做光荣的政治任务，当做义不容辞的责任，当做自己的份内事，坚持首善标准、发挥首都优势，发扬首创精神，全方位、宽领域、深层次、务实高效地推进支援、合作各项工作。作为幼教支援帮扶方，我园市级骨干教师金东老师从2012年—2014年3次来到新疆边陲和田地区，代表首都学前教师进行援疆支教工作，受到了北京市教委、和田当地教育局领导的好评。近年来，我园再接再厉先后选派优秀教师来到青海省土族自治县进行国培项目的培训；到山东青岛崂山地区开展“陈鹤琴教育思想研究基地园”的培训活动；到四川宁蒗进行培训。2018年—2019年，我园先后3次接待了来自西藏当雄地区的幼儿园园长和教师来园进行跟岗学习。崇文三幼人与各受援地一道勇于担当、开拓创新，用心、用情、用力帮扶、帮教，涌现了一大批先进典型。

京津冀协同发展战略，不仅是两市一省的三地发展战略，更是国家重大的发展战略。北京市教委强调要认真落实《京津冀教育协同发展行动计划》。在思想认识、体制机制、统筹谋划上集中发力，形成健全的京津冀教育协同发展工作体系；要出实招，不断拓展合作平台、深化协同项目，进一步增强区域教育协同实效。目前，经过近四年工作推进，我园与河北省石家庄第三幼儿园、北京市怀柔区庙城中心幼儿园形成姊妹园，通过联合党支部，携手共进，前往北京香山革命纪念地，瞻仰双清别墅、来青轩等革命旧址，参观香山革命纪念馆，观看“为新中国奠基”主题展览，回顾中国共产党领导中国人民取得胜利和党中央筹建中华人民共和国的光辉历史，缅怀毛泽东同志等老一辈革命家的丰功伟绩，以“赶考”的清醒和坚定，做好新时代的答卷。此外，我们扎实推进幼儿园教育优质发展，形成干部、教师交流培养常态化、制度化，传帮带、教育资源共建共享，进一步强化幼儿园联盟建设，联合育人机制更加多元，京津冀三地教育“同呼吸、共进步”的格局已经形成。

一、大爱无疆：一次援疆路，一生援疆情

故事一：临时党支部

金　东

2012 年 6 月 24 日清晨，一架满载着乘客的飞机从北京首都机场 T 三航站楼腾空而起，迎着清晨第一缕阳光向着祖国的西北方向飞去。

在这架飞机上，有 13 名来自北京各个城区的幼儿园教师，她们肩负着到新疆支教的任务。而我作为她们中的一员，已是第二次去新疆和田地区支教了。透过客机舷窗，我放眼望去，郁郁葱葱的山丘、绵延不断的长城，一座既古老又现代的城市尽收眼底。我暗暗对自己说："再见了，我熟悉的城市；再见了，我的家人和朋友。此次一别，我们一个月后再相聚吧！"

随着飞机的飞行，我们也渐渐地熟悉起来。在热闹的讨论中，大家对天山雪松、绿洲白杨、戈壁红柳、大漠胡杨充满了美好的期待和向往，大家商量着有机会一定要去看一看。而我在时隔半年之后再次踏上这块熟悉的土地，心中的感受却和他们大不一样。第一次支教，我是带着好奇与拓展视野的想法踏上了祖国西北的土地，而第二次支教在我心中少了一份好奇，却多了一份坦荡和责任。

来到和田之后，我们很快就投入到了紧张的工作之中。上课（图 17、图 18）、备课、准备材料，两点一线的生活，让每一个人都情绪饱满、快乐无比。周五下午，我没有课，留在宿舍备课。当我打开电脑，一条好友的 QQ 信息让我停下了手里的工作："老师们，刚才和田机场有人劫机了！你们在那里一定要注意安全啊！"看完信息，听着窗外不断传来的警车和救护车的警笛声，我终于明白发生了什么。我暗自思忖着，反正和田机场离我们这里还有 20 分钟的路程，没什么大不了的，于是，继续埋头工作。

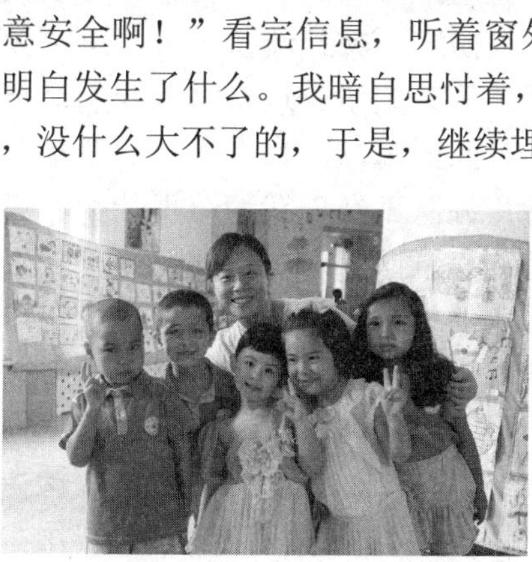

图 17

图 18

下课的时间到了，上课的老师们陆陆续续地回来了，援疆的北京大夫和警察们也陆续下班了。但是，他们每个人的表情都很严肃，有的在窃窃私语，有的还比划着说些什么。看到这种情况，我暗自思量着，看来事情要比自己想象的严重得多呀！晚上，窗外传来了格格老师的歌声，她对着窗户一遍又一遍地唱着同一首歌，唱了很长、很长时间，甚至有些声嘶力竭了。从歌声里，我听出了她复杂的心情。是呀，一个刚结婚不久、也许在家里还是个需要别人照顾的小姑娘，如今需要独自面对眼前的突发事件，她复杂的心情真的是可以理解的！晚饭后，领队把我们召集到一起。她用严肃地眼光扫视了我们一圈，然后说道："现在，外面事态很严重。你们谁也不能擅自外出。除了上课，可以走出房间，其他时间一律都要在房间里。"听了领队的话，13个姐妹相互看了看，彼此点点头。此时，房间里异常安静，安静得好像可以听到彼此心跳的声音。大家好像都想说点什么，但是又不知道该说什么，看着大家紧张的表情，我想：今天的事情会让第一次出远门的老师们感到很紧张，甚至会很害怕，这样不利于接下来的工作。想到这里，我清了清嗓子，说道："在我们周围，还有北京的警察陪着我们，只要大家提高警惕，有防范意识，不要擅自外出，其实我们的安全是有保证的。大家不要害怕，相信事情很快就会过去的。大家打起精神来，继续工作吧！"就这样，好像一切又恢复到原来的样子。

又是一周的时间过去了，距离七月十五日这个敏感的日子也越来越近了，外面的气氛更加紧张起来，持枪的特警越来越多了。但是，在我看来，这是件好事，特警越多，我们的安全也越有保障。一天下午刚刚下课，我接到了开会的通知。我来到了领队的房间，召集我们开会的却不是领队，而是我们这里一位年龄最大的老师，她压低了声音，说道："下午，咱们的领队突然回北京了。领队在走之前，把你们托付给了我。可是，在这个节骨眼上，我怎么可以担起这么重的责任呢？"说着，说着，两行热泪竟情不自禁地流了下来。这突如其来的消息，让我怎么也不敢相信自己的耳朵。领队走了，这意味着我们这个团队的主心骨没了。这几天该怎样过呢？很长时间的沉默，每个人的心里都在进行着激烈的斗争。一位老师激动地说："嗨！领队不在，我们该干什么，还干什么呗！"另一位老师提高了嗓门，反驳道："领队不在，我们怎么干呀？大家祈求自保多福吧！"听了这话，一直不吭声的格格老师带着哭腔说道："我开始后悔来这里了。"听着老师们七嘴八舌的议论，我想：在这样一个特殊时期，大家一定要稳住阵脚，即使领队不在，我们13个老师一定要团结起来，想办法把接下来的工作继续下去！在13个人里，我是二次支教的老师，经验会比其他老师多一些，自己又是一名共产党员，理应起好党员的模范带头作用。于是，我接过大家的话茬，说道："既然这样，我建议咱们成立一个临时党支部，在领队没有回来之前，一切事情由支部来决定，这样便于统一思想和统一工作，大家看看这样，行不行？”我的话音刚落，同时有三位老师举起了手，一句句“我是党员！我是党员”的声音铿锵有力地迸发出来，回荡在整个房间，这个声音震撼着每个老师的心灵。一句“我是党员”，此时此刻显出了作为一名党员的重要和伟大！刚才还有些情绪激动的老师们也很快安静下来，就这样，一个临时党支部成立了。

今天是7月1日，是党成立69周年的日子。由于不能外出，生活变得单调而枯燥。我坐在窗前，望着窗外绿油油的白杨树，想起了幼儿园里的白杨树。我猜想，此时此刻园里的党员同志们也许正在为党的生日尽情地表达着自己的心声，真的很想念大家，想念和自己并肩战斗多年的老师们，而我作为一名党员，虽然远在和田，也想为党过上一个特殊的生日。于是，我怀着激动的心情，拿起了笔，向党组织写了一篇名为《让至爱延伸，让责任传递》的文章，用文字表达我此时此刻的心情。在文章中，我写道：当初有人好奇地问我：“你已经去过一次和田了，为什么还要去第二次呢？”我对自己说：“作为一名党员，在国家、集体和个人利益面前，国家的利益永远高于一切！”这是一名党员义不容辞的责任！党培养了我，当祖国需要我的时候，我会义不容辞地贡献自己的力量（图19、图20）。当国家需要我的时候，我还会第三次、第四次走进和田。

图 19

图 20

我放下手中的笔，心想：今天既然是党的生日，我们应该做点什么，用实际行动来纪念这个特殊的日子。经过商量，大家决定请这天下午没有课的老师来到厨房帮厨，大家一起来包饺子，等到北京的大夫和警察们下班后，大家一起吃一顿家乡风味的饺子。说干就干，在家的老师们一起动手，有和面的、有剁馅的、有擀皮的、有包饺子的，在大家欢声笑语的劳动中香喷喷、热腾腾的饺子出锅了！援疆的大夫、警察们捧着这特殊的饺子，高兴地说：“我们很久都没有吃到饺子了，这是家乡的味道。有了你们，我们才吃上了饺子，真是谢谢你们啦！”我发现大家在吃饺子的时候，都是小心翼翼地、慢慢地吃着，生怕吃快了，饺子就没有了。看着大家的表情，听着大家的赞扬，我的心里也是甜滋滋的。其实出点力算不了什么，重要的是在这个特殊的日子里，我们的行为不仅影响了老师们，还影响了更多周围的人。包饺子不重要，重要的是它还具有特殊的意义，让所有援疆的老师、大夫、警察们体会到了大家庭的温暖，打起精神，更好地为教育事业服务。

7 月 21 日，在大家共同的努力下，我们终于圆满地完成了援疆任务，胜利返航了。一个月的时间不长，但是，在这一个月的时间里有泪水、有欢笑，有太多的收获，还有太多的不舍。在写这个故事的同时，我又接受了第三次去和田支教的任务，一个月后，我会再把第三次支教的故事讲给大家听。

故事二：为孩子插上科学的翅膀

金　东

我是一名普通的幼儿教师，一转眼的工夫，我在幼儿园一线教师的岗位已经坚守了 32 个春秋。

我的故事要从一次暑假讲起。那是高考录取结果公布后的一天，已经毕业多年的辰辰和他的妈妈来到了幼儿园，看望老师们。一看到我，辰辰妈妈就亲热地说："金老师，今年辰辰高中毕业，顺利地考上了自己满意的大学。您看，这是录取通知书。还有，这是辰辰参加北京市青少年航模比赛一等奖的证书。我们是来向您报喜的！"听了辰辰妈妈的话，辰辰有些腼腆地说："金老师，您还记得在幼儿园的时候，您带着我们玩科学游戏吗？从那时候开始，我就对科学活动产生了兴趣，这种兴趣一直坚持到现在。"

听了辰辰的话，我回想起 18 年前的情景。那是一个周一的早晨，记得当时我正准备给班里的两只蜗牛洗澡，突然发现其中一只蜗牛的肚子下面拖着一条长长的蓝色大便。蜗牛为什么会拉蓝色的大便呢？这让我和孩子们百思不得其解。这时，一旁的辰辰好奇地指着自然角，对我说："老师，您看，我们的画怎么破了？"我们顺着他手指的方向望去，果然，孩子们记录自然角变化的纸出现了很多不规则的大洞。莫非蜗牛是趁着周末班里没人的时候，爬到了墙上，把孩子们的画给吃了，之后又悄悄地爬回了盒子，因此，才会拉出蓝色的大便？那一周，我和辰辰、还有许多孩子一起对蜗牛的行踪进行了观察，果然两只蜗牛趁着我们不在，肆无忌惮地吃起墙上的纸来。很快，自然角中的画被蜗牛吃得千疮百孔，接下来，它们又拉出了绿色、黑色的大便。为什么蜗牛喜欢吃墙上的纸呢？这让辰辰百思不得其解，好奇心再次驱使着他和小朋友们一起寻找其中的奥秘。孩子们经过查找资料、多方咨询，终于发现：原来蜗牛喜欢吃植物纤维，而在孩子们的图画纸里，它们找到了喜欢的植物纤维。孩子们终于明白了蜗牛为什么会拉蓝色大便了。自从“小蜗牛”事件后，辰辰和其他小朋友观察小动物的兴趣大大提升。他们一起观察雨后钻出泥土的蚯蚓，一起寻找藏在幼儿园迷宫里的小壁虎，一起悄悄地注视会变颜色的巴西龟。一次次耐心而细致的观察，一个个小小的发现，让辰辰和孩子们一次又一次感受着发现的快乐。善于观察和发现是培养孩子探究精神的基础，是探究活动的核心。就这样，我们带着一双慧眼一起观察植物的变化、一起发现动物的秘密（图 21），一起做实验，一起探究科学现象。每当这个时候，辰辰总是很崇拜地感叹着：“金老师，我们身边怎么有这么多有趣的现象啊！”孩子们着迷的眼神，激励着我和他们在科学道路上不断前行。我和孩子们尝试开展了“小火箭上天”“物体是如何下落的”“有趣的膨胀”“好玩的三脚架”“甜甜的河水”……这些好玩的、可操作性强的科学游戏大大激发了孩子们的兴趣（图 22）。为此，我在班级活动室里还增加了一个“科学探究角”。孩子们将自己在生活中发现的问题或者一些科学现象作为问题提出来，大家共同讨论，共同寻找答案。

图 21

图 22

尊重幼儿发展的需要，帮助幼儿按照自己的轨迹成长，这是教师责无旁贷的事。辰辰的故事让我意识到：作为继家长之后的第二位启蒙老师的我们，帮助他们从小插上科学的翅膀，就是在孩子们幼小的心田里播撒科学的种子。幼儿心理学表明：婴幼儿时期是探索欲、表现欲最强的阶段。作为教师，应积极抓住这个时机对幼儿进行引导、启发，激发他们的好奇心和探究欲望，培养科学的探究精神和探究方法，养成良好的学习品质。

我所在的幼儿园是一所市级示范园，用科研引领教师专业成长、造就教师创新思维模式已成为我园的特色。2012 年，我参加了北京市东城区研修学院组织的“骨干教师科研能力提升”研究活动，并申报了课题“大班科学区开放性游戏的研究”，课题着重针对大班在科学区如何投放开放性的游戏材料开展研究。在研究课题的过程中，我作为课题负责人，严格要求自己，勇挑重担，积极和课题组的老师们合作。为了更好地梳理对某一科学现象的解释，在材料上更好地体现开放性，下班后，我和课题组成员李环老师一起分析材料，设计表格，再用筛选法选出适合大班幼儿年龄特点的科学现象，然后将这些科学现象以活动材料的形式投放到活动区中。这个过程痛并快乐着，当研究遇到“瓶颈”时，我们苦思冥想；当意见不统一时，我们激烈争辩，各说各的理由；当出现奇思妙想时，我们会为自己的“小智慧”而欣喜。转眼三年的时间过去了，在这个过程中，我们先后收集了大量的相关信息，积累了科研案例20余个，针对课题，书写了反思40余篇、论文6篇。在课题研究的过程中，李环老师不仅在专业水平上不断提升，而且在思想政治觉悟上也有了突出的表现，光荣地迈进了党组织的大门，并被评为“区级骨干教师”。我想在这看似平凡而普通的工作中，作为党员，同样需要敢于担当、善于作为的精神，在实践工作中，履行好自己的职责。

在从教32年的经历中，令我难忘的是我曾经有过三次到祖国边陲新疆和田支教的经历。三次援疆，印象最深的是第二次支教的经历。那年，我的儿子刚刚参加完高考，成绩出来的第二天，我就登上了飞机，一个月后才能重返家园。孩子究竟能被哪所大学录取呢？作为母亲，忐忑的心情可想而知。但是，看看手中的机票，又不允许我有太多的犹豫。我想作为党员，要有大局意识，面对困难，更不能退缩，当国家需要我的时候，国家和集体的利益永远高于个人利益，这是一名党员的政治觉悟。孩子已经成人了，有些事情就要学着担当，不妨就给孩子学会担当的机会吧！我带着这样的想法，毅然登上了飞机。

在这次支教的日子里，我看到最多的是一双双求知若渴的眼睛，听到最多的是一句句“老师，我爱你”的话语，感受到的是和田人的淳朴、友好与善良。上课时口渴了，一瓶矿泉水会悄悄地放在讲台上；下课后，很多学员拿出自己家里的大枣儿请老师品尝。师生之间的关系随着时间的延续，从开始时的拘谨、不好意思，到后来的亲近、愉快。“小火箭是怎么升上天的？”“电话能听见声音，是什么原理？”“陀螺转起来，又发生了什么变化？”一个个小游戏引领着维吾尔族学员们走进了科学的大门。在那里，我用生动的游戏、互动的上课形式帮助学员们渐渐喜欢上了科学活动，也帮助他们在动手操作的过程中了解了科学活动的形式，以及简单的科学现象和科学原理（图23）。希尔是班上一位特别活泼的维吾尔族小伙子。下课了，他悄悄地找到我，说：“你好，老师。我参加这次学习，本来只想签个到，就跑出去玩。但是，您的课上得特别有意思，我就留下来了。”希尔简单而淳朴的话语令我十分欣慰，因为我知道一颗爱科学的种子已经在他的心田里生根、发芽了（图24）。在三次支教中，我都承担了科学领域的教学任务，并得到了市区级领导的好评。援疆，让我有了不一样的人生，这经历不仅是一份光荣，更是争做合格党员的具体体现。这些都是我的宝贵经历，我一定会好好珍藏。

图 23

图 24

走过32个春秋，送走了一批又一批孩子，但我想他们不只是孩子，更是希望，是中国未来兴旺昌盛的希望。从小培养孩子们的创新意识，帮助他们插上科学的翅膀，培养他们发现问题和解决问题的能力，关乎国家的未来。少年智则国智。少年之智，始于发现，成于探究。如果我们的孩子都具有善于发现和探究的科学品质，那我们的孩子就是插上了科学的翅膀（图 25、图 26）。

图 25

图 26

二、姊妹园手拉手：京津冀协同合作促发展

第一次支教活动

时间：2018 年 10 月 22 日—2018 年 10 月 23 日

地点：青海省土族自治县

参与人员：金东、高洁芳、青海省土族自治县幼儿园教师

内容：

（一）专题讲座：在《指南》精神引领下开展科学探究活动

（二）科学领域教学活动：有趣的三角架

附教育活动设计方案一：

活动名称：有趣的三脚架

活动领域：科学领域

执教教师：金东

活动目标：

1. 在实验过程中有较好的合作意识，并能体验成功的喜悦。

2. 通过实验发现“三脚架”具有稳定性。

活动重点：

通过操作发现、总结“最少用三根棍才能稳稳地支撑起物体”的科学规律。

活动难点：

在实验过程中能找到系绳子的最佳位置。

活动准备：

体操棍 21 根、布条 7 条、皮球 7 个、PPT 课件《生活中的三脚架》。

活动过程：

1. 制作三脚架

提问：我手里有个皮球，大家想想有什么办法，不用手拿着，也可以让皮球不掉下来呢？

（1）幼儿进行猜想和讨论。

（2）教师介绍材料：体操棍、布条、皮球。

提问：小朋友们试试这些材料，行不行？怎样做个架子，才能让皮球不掉下来？想一想，你要和谁一起来制作？怎么做？

（3）请幼儿自由组合，组成小组，选择材料，制作一个架子，并在架好的架子上面放上皮球（图 28）。

（4）幼儿分组进行实验，教师提示大家要互相帮助，合作解决困难。

（5）幼儿集体进行讨论：有的组用了 3 根体操棍，有的用了 4 根，哪个更节省材料？

梳理：小朋友们用 3 根棍子摆成的这个三角形架子叫作“三脚架”。

（6）请幼儿再次尝试，用 3 根棍子制作三脚架。

2. 怎样让三脚架更结实

（1）提问：为什么有的组制作的三脚架能稳稳地立在那里，而有的组的却是斜着的？

（2）引导幼儿观察，讨论发现：布条系在棍子什么位置，才能保证架子的稳定性。

（3）各组幼儿再次进行实验，调整布条系住 3 根体操棍的位置，还要把布条系得结实一些。

（4）请每组幼儿交流本组的实验结果并分享。

3. 生活中的三脚架

（1）提问：为什么大家喜欢使用三脚架？你见过什么物品有三脚架？

（2）教师请幼儿观看 PPT 课件，逐一介绍生活中的三脚架，并出示实物，请幼儿观察。

梳理：三脚架具有稳定性，人们利用这个规律制作了很多物品，给我们的生活带来了便利（图 29）。

图 28

图 29

（三）专题讲座：语言领域中的绘本活动

（四）语言领域教学活动：啊！蜘蛛

附教育活动设计方案二：

活动名称：啊！蜘蛛

活动领域：语言领域

执教教师：高洁芳

活动目标：

1. 通过一家人与蜘蛛不同的角度进行阅读，感情投入地理解故事的情节发展。

2. 学会固定句式：“有办法了！让他们知道我多么会……，他们家的宠物没一个比我更会……”

3. 对微小的生物充满爱心。

活动重点：

通过一家人与蜘蛛不同的角度进行阅读，感情投入地理解故事的情节发展。

活动难点：

学会固定句式：“有办法了！让他们知道我多么会……，他们家的宠物没一个比我更会……”

活动准备：

1. 经验准备：了解蜘蛛的特点。

2. 物质准备：PPT课件，小猫、小狗、蜘蛛的玩具。

活动过程：

1. 情景导入

（1）出示小猫和小狗的玩具，提问：你们家里有宠物吗？是什么动物？

（2）出示玩具蜘蛛，把它放在幼儿中间（图30），看看幼儿有什么样的反应，提问：你们为什么会这样呢？蜘蛛也是动物呀！难道你们不想养一只蜘蛛做宠物吗？

（3）这里有一家人，他们家出现了一只蜘蛛，看看他们的反应是怎样的？

2. 从一家人的角度进行阅读

（1）教师：家里出现了蜘蛛，这家人是怎么说的，怎么做的？

（2）教师：如果是你，你会怎么说，怎么做？

3. 从蜘蛛的角度进行阅读

（1）教师：蜘蛛为什么会出现在这户人家？

（2）教师：怎样才能成为这家的宠物呢？小蜘蛛是怎么想的，怎么做的？

固定句式：有办法了！让他们知道我多么（会）……，他们家的宠物没一个比我更（会）……

（3）教师：如果你是小蜘蛛，你怎么让这家人喜欢你呢？请模仿小蜘蛛的语气说一说（图31）。

（4）教师：这家人这么对待小蜘蛛，它会怎么想？

（5）教师：最后，小蜘蛛有没有成为这家人的宠物呢？它是怎么成为这家人的宠物的？

4. 结束

（1）教师：你觉得这是一只什么样的小蜘蛛呢？你喜欢它吗？

（2）教师：这本书还有很多精彩的内容，老师没有给你们看，我把书放在图书区，等着你们自己去发现吧！

图 30

图 31

第二次支教活动

时间：2018 年 11 月 12 日—2018 年 11 月 13 日

地点：青海省土族自治县

参与人员：金东、李晶、项伟超、青海省土族自治县幼儿园教师

内容：

（一）专题讲座：在《指南》精神的引领下开展科学探究活动

（二）科学领域教学活动：纸板人弯腰

附教育活动设计方案三：

活动名称：纸板人弯腰

活动领域：科学领域

执教教师：项伟超

活动目标：

1. 探索使用不同材料让纸板人弯腰的方法，能大胆猜想和动手尝试。

2. 尝试用清楚的语言表达自己使用了什么材料、怎么让纸板人弯腰的。

活动重点：

选择适宜的材料让纸板人弯腰。

活动难点：

能用适宜的方式使用材料，让纸板人弯腰。

活动准备：

剪刀、打孔器、胶条、橡皮泥、毛根、丝带、管子、玻璃丝、吸管、雪糕棒、曲别针。

活动过程：

1. 问题引入，激发兴趣

（1）师幼相互鞠躬，问好。

提问：刚才，我们问好的时候，做了一个什么动作？（教师示范弯腰的动作）

（2）出示分开的纸板人，请幼儿观察。

提问：纸板人怎么了？你觉得它能弯腰吗？

2. 初步探索，让纸板人弯腰

（1）第一次尝试

①展示并观察黑板上的材料。你觉得它们能够帮助到纸板人吗？你觉得可以用什么材料为它做一个腰，并且可以让它弯腰？

②鼓励幼儿按自己的猜想进行尝试，提示幼儿先想好用什么材料，再想一想怎么安在纸板人身上。

③观察幼儿的探索，根据幼儿需要进行指导。

④提示做完的幼儿把纸板人放到相应材料的前面。观察并讨论：小朋友们都选了什么材料？成功了吗？为什么？

（2）第二次尝试

①观察幼儿没有选的材料，鼓励幼儿选择其他材料试一试（图 32）。

②观察并讨论：这一次，你选择了什么新材料？成功了吗？为什么这些材料可以让纸板人弯腰？

（3）出示幼儿没有选择的硬材料，请幼儿说一说，这些材料为什么没有人选或者没有成功？它们真的不能让纸板人弯腰吗？引出继续探索的话题。

（三）专题讲座：语言领域核心经验（图 33）

图 32

图 33

（四）语言领域教学活动：请吧（图 34）

图 34

第三次支教活动

时间：2018 年 11 月 16 日

地点：河北省石家庄第三幼儿园（图 35）

参与人员：河北省石家庄第三幼儿园园长、保教主任、教师

内容：

（一）河北省石家庄第三幼儿园主题活动展示（图 36）

（二）主题讲座：幼儿园主题活动的开展（图 37）

（三）座谈活动：幼儿特殊行为的应对（图 38）

（四）提问互动

图 35

图 36

图 37

图 38

第四次支教活动

时间：2018 年 12 月 21 日

地点：山东省青岛市崂山区北宅街道教育中心

参与人员：王佳、王朔、山东省青岛市崂山区北宅街道幼儿园教师（图 39）

图 39

内容：

（一）专题讲座：如何有效利用空间开展音乐游戏活动

（二）艺术领域教学活动：音乐游戏《大王叫我来巡山》

附教育活动设计方案四：

活动名称：音乐游戏《大王叫我来巡山》

活动领域：艺术领域

执教教师：王佳

活动目标：

1. 喜欢参加音乐游戏，能用动作大胆表现歌曲内容。

2. 能够跟随音乐节奏以及有速度变化的鼓声控制自己的身体，表现歌曲。

活动准备：

鼓、音乐《大王叫我来巡山》。

活动过程：

1. 导入部分

明确角色（我是山大王，你们都是我山里的小妖）后，听音乐《大王叫我来巡山》进入活动室，坐在椅子上。

2. 感受音乐，运用肢体动作表现歌曲

（1）播放前半段音乐，创编动作。

①提问：歌里唱到今天是什么天气？太阳怎么样？小鸟怎么样？可以用什么动作来表现？

鼓励幼儿做出不一样的动作，教师清唱歌曲，学做幼儿设计的动作，一直唱到“小妖精”。

②提问：我是在唱到什么字的时候变成了小妖精？（注意倾听）

幼儿再次倾听，并和教师一起，唱到“小妖精”的“精”字时变成妖精。

教师询问幼儿变成了什么妖？鼓励幼儿大胆表达。

③播放音乐，用动作完整表现歌曲。

（2）播放后半段音乐，进行游戏。

①讨论：拿起鼓、敲起锣，我们要去巡山了，每人一个山头，可以怎么巡山？

伴随音乐，按照自己的想法尝试游戏。

②提问：大王说每个山头都要巡逻，我们要怎么办？请你们自己设计巡逻路线。

请几名幼儿分别来说一说并走一走自己设计的路线，其他幼儿做声势伴奏，并按照新路线进行巡山游戏。

③提问：巡山还要做什么？要看看，可以怎么看？怎么用动作表示出来？

（3）跟随鼓声的速度来控制身体动作，表现歌曲。

①听辨不同速度的鼓声，请幼儿说一说，鼓声有什么不同？

②尝试跟随不同速度的鼓声，表现巡山的情景。

在游戏中，提示幼儿根据不同速度的鼓声做出动作，控制好身体。

（4）完整播放音乐，进行游戏。

①第一次，教师变成孙悟空，抓小妖精。

提问：你怎么发现我变成了孙悟空？（观察孙悟空的标牌）

教师介绍游戏规则：一会儿还会出现一个孙悟空，你们要注意观察哦！当孙悟空出现时，小妖们要迅速回到山洞里。

②第二次，幼儿变成孙悟空，进行游戏。

3. 活动自然结束

教师带领小妖们（全体幼儿）到别的山上去巡逻。

（三）专题讲座：感受大班体育活动中一物多玩的乐趣

（四）健康领域教学活动：有趣的垫子

附教育活动设计方案五：

活动名称：有趣的垫子

活动领域：健康领域

执教教师：王朔

活动目标：

1. 尝试用不同方法钻山洞，体验共同游戏的乐趣。

2. 根据山洞的变化，能改变钻山洞的方法。

活动准备：

垫子若干。

活动过程：

1. 热身运动

教师：我们身体哪些部位可以转圈？（肩膀、手臂、脖子、手叉腰）现在，我们来试一试。

2. 我们一起做山洞

教师用手撑地，拱起身子，做山洞。教师：现在，我是山洞，请小朋友们变成小火车，开过山洞。

教师身体的山洞慢慢从高变低，幼儿继续钻山洞。

（1）提问：我的山洞有变化吗？（由高变低）你钻的方法有变化吗？那你们能不能用身体做山洞？你们做的山洞可以由高变矮吗？

（2）提问：现在，你们是用两只手、两只脚做的山洞，你们可以用两只手、一只脚做吗？（变高一点，变矮一点）现在，换另一只脚做山洞。

（3）提问：你们可以用一只手、两只脚做山洞吗？现在，我们换另一只手，试一试。

3. 我们一起钻山洞

（1）所有幼儿两人一组，每组一个垫子，一个人在垫子上做山洞，另一个人钻山洞。钻过后，两人交换角色，继续游戏。游戏可以反复进行。

教师：1个人钻的山洞能钻过去，几个人做的、长长的山洞能钻过去吗？（请5名幼儿做一个长长的山洞，其他幼儿钻山洞）

讨论：你们能不能把手和脚都放在垫子上，做一个又高又长的山洞，让我钻过去？（教师钻过幼儿搭建的长山洞）

4. 教师带领幼儿放松身体（图 40），活动自然结束

图 40

第五次支教活动

时间：2019 年 4 月 19 日

地点：北京市怀柔区庙城镇中心幼儿园

参与人员：李晶、李环、幼儿园教师

内容：

（一）观摩小班、中班、大班幼儿的区域活动（图 41、图 42）

（二）区域活动指导（图 43）

（三）讨论：针对不同的区域，教师应如何进行指导（图 44）

1. 美工区

（1）虽然材料准备得比较多，但是，要有教师相应的指导，引导幼儿进行不同的创意活动。

（2）在美工区要创设孩子们展示作品的空间。

（3）三个年龄阶段的班级材料都是相同的，应该针对各年龄段幼儿特点以及自己班级幼儿的兴趣点投放不同的游戏材料。

2. 科学区

（1）材料可以适当再丰富一些，尤其是增加科学小实验的材料。

（2）教师可以根据本班幼儿的年龄特点增加声、光、电、磁等内容。

3. 图书区

（1）区域规则的文字较多，可以用图片代替。

（2）教师应有意识地引导幼儿在图书区看书的正确姿势。

（3）大班图书种类可以多一些，增加科普类、益智类方面的图书。

（四）提问与交流

图 41

图 42

图 43

图 44

第六次支教活动

时间：2019 年 4 月 23 日

地点：北京市东城区崇文第三幼儿园

参与人员：李晶、李环、幼儿园教师、北京市怀柔区庙城镇中心幼儿园教师

内容：

（一）观摩中二班、小三班区域活动

（二）关于活动区材料的交流

1. 适宜的材料

在参观崇文三幼的过程中，教师们发现不同的班级投放了非常丰富的材

料，同时，也体现了幼儿的年龄特点。比如：中二班的分类游戏就特别符合中班这个年龄特点的孩子。同时，教师们一定很了解本班的孩子，材料符合幼儿的需求。

2. 教师的指导

在观摩两个班级的游戏活动中，教师们的指导深入人心。小班教师会陪同幼儿一起游戏，而中班教师更多的是观察幼儿操作，当幼儿有需要时教师才会适时介入。同时，教师在活动区内是有分工的。这样，教师就会有重点地进行指导，能够关注到每一个孩子。

3. 分享环节

在分享环节时，教师们发现孩子们都非常专注，常规很好，能够倾听其他小朋友讲话。同时，教师将刚刚发现的新问题进行总结、提升，给孩子们一个新的挑战。

4. 教研工作的开展

本学期庙城幼儿园的教研活动内容是“在益智区中为幼儿提供适宜的材料”。两所幼儿园针对不同的教研主题开展了讨论和交流（图 45、图 46）。

图 45

图 46

三、高端引领，深入交流：京藏一家亲

（一）协同发展，深度交流

2018年11月12日—11月23日，西藏当雄县教师仁增玉珍走进崇文三幼进行为期两周的干部挂职锻炼。幼儿园针对该教师的具体情况和要求，开展了有针对性的活动，采用多种灵活的方式满足藏族教师的学习需求，提升学习效果，为全面帮助当雄县教育发展贡献力量。

1. 精心安排，保质保量

在接到任务后，崇文三幼党支部立即召开了班子会议。会议上，党支部书记兼园长袁春芬向大家介绍了此项活动的意义，并成立了以教学园长、保教主任、后勤主任、年级组长为主要负责人的工作小组。针对挂职干部是一线教师的情况，大家各自分工，明确任务，并且精心安排了近期接待的内容，为接下来的工作做好充分的思想准备。

2. 内容全面，突出特色

在业务园长的带领下，仁增玉珍老师来到了崇文三幼。她观看了崇文三幼室内、外环境以及特色教室的活动。当仁增玉珍老师走进崇文三幼每一间教室时，各个班级的老师们都会主动而热情地向她介绍主题环境、活动设计思路和班级特色（图47、图48）。在参观特色教室活动时，仁增玉珍老师看到了小朋友们的京剧表演、小提琴活动、水墨画活动、篮球课和足球课、北京绒花的制作活动等，并且收到了小朋友们亲手制作的小礼物。在崇文三幼，仁增玉珍老师不仅看到了一个个新颖的环境设计、丰富多彩的幼儿活动，还感受到了像家一样温暖的幼儿园。

图47

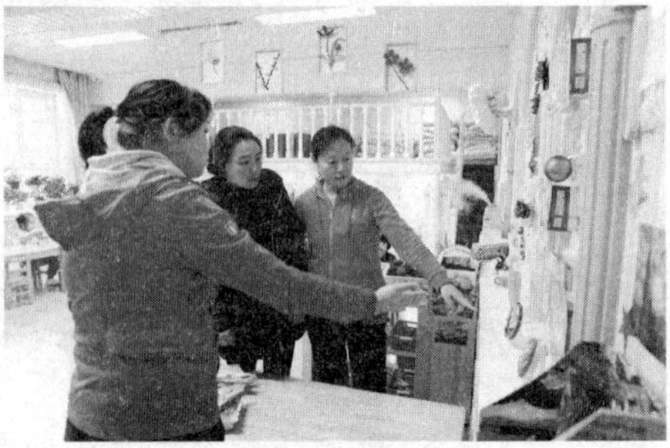

图48

3. 形式灵活，满足需求

初来乍到的仁增玉珍老师刚刚从高原来到平原，对于北京的气候以及环境还需要有个适应的过程。考虑到这种特殊的情况，园里调整了活动安排，尽量将学习安排在下午进行。在和仁增玉珍老师的交流中，我们得知，她在幼儿园是小、中班的混龄班老师，她非常想了解北京的老师是怎么给小班幼儿上课的。针对仁增玉珍老师的需求，我们重新调整了活动安排，特意请仁增玉珍老师进班观摩了小班幼儿的教育活动。在观看过程中，业务园长王辉老师还结合观摩情况不时地向仁增玉珍老师介绍一些小班幼儿的年龄特点以及教学方法，帮助仁增玉珍老师回到当地，也能顺利地开展教学活动。

4. 生活关心，汉藏一家

为了让仁增玉珍老师在学习期间能够感受到像家一样温暖的环境，崇文三幼的老师充分体现了主人翁的精神。每天安排专人接送、接待仁增玉珍老师。活动结束晚了，食堂老师会给仁增玉珍老师留工作餐，让远道而来的藏族客人也能品尝到崇文三幼大厨的手艺。一件件小礼物、一句句亲切的问候代表着北京同行的心意。在临别之际，仁增玉珍老师用藏族最圣洁的哈达表达了自己的感激之情。汉藏一家亲，愿我们的友谊长存，愿未来当雄县的教育事业发展得越来越好！

今后，我们还将在跟岗培训、网络共享、校园文化建设等多方面加强沟通与交流，以促进双方的特色教育、课程改革和幼儿园的可持续发展。

（二）高端引领，提高站位

为实施好精准扶贫，充分发挥首都基础教育优势。崇文三幼响应北京市东城区委教工委政府、区教委号召，再次迎接了西藏当雄县教师张思语老师走进幼儿园，开展为期两周的学习、交流活动，为全面提升当雄县师资队伍及业务水平贡献力量（图 49）。

在这次跟岗研修工作前，幼儿园总结了前两次活动经验并针对张思语老师的具体情况和要求，开展了有针对性的活动，采用多种灵活的方法，满足藏族教师的学习需求，提升学习效果，为全面帮助当雄县教育事业发展贡献力量。

1. 提高政治站位，突出思想引领

在本次研修活动中，张老师参加了我园朱昊晨老师的党员转正活动。通过此次活动，加深了张老师对党组织的了解，对伟大中国共产党的一份敬意！通过聆听朱昊晨老师的转正申请和自我剖析，以及党员同志们的发言，张老师说道：“在这种庄严、神圣的氛围中，我看到了榜样的作用。在这样一个正式的场合中，我知道了党员应该具备的正能量和业务水平，自己也应该向着这个方向发展，把理想与实际工作对接。”

2. 提升专业水平，突出专业特色

在本次研修活动中，张老师参加了教委对我园的督学、督导工作。通过聆听园长介绍、查阅资料，对崇文三幼的办园理念及整体工作有所了解。为了更好地突出专业特点，帮助张老师在专业上有更多的收获，园里特意安排了骨干教师领域教学的展示活动。通过现场观看区骨干、园骨干教师们的教学活动，帮助张老师了解各个领域教学活动的核心价值，在观摩中获得启发。相信张老师在专业上的收获一定能够带动当雄县中心幼儿园业务的提升，为提升当雄县的幼教水平起到辐射作用。

3. 提升服务意识，突显内涵风范

此次研修活动除了在思想政治和专业交流外，我园在生活中还非常重视对张老师的照顾，安排专人接送、照顾张老师。上午半日观摩后，幼儿园的美味午餐让张老师流连忘返。一杯热气腾腾的香茶，让张老师感到家的温暖（图50）。无拘无束的交流让张老师倍感亲切。崇文三幼人用自己的真诚、真心、真挚的情怀温暖着西藏教师。

本次接待，我园以“高端引领，提高站位”为目的，培养新时期又红又专的年轻干部。在接待西藏当雄县干部教师跟岗研修的工作中，我园不断总结经验，力争在各个方面彰显北京东城教育人的风范。

图 49

图 50

结语

做人以真，

待人以美。

示人以美，

永葆一颗童心。

——陈鹤琴

图书在版编目（CIP）数据

师德铸师魂：幼儿园教师师德教育手册 / 袁春芬，金东主编．—北京：中国农业出版社，2020.10（2024.11 重印）
ISBN 978-7-109-27126-5

Ⅰ. ①师… Ⅱ. ①袁… ②金… Ⅲ. ①幼教人员－师德－手册 Ⅳ. ①G615-62

中国版本图书馆 CIP 数据核字（2020）第 136326 号

师德铸师魂——幼儿园教师师德教育手册
SHIDE ZHU SHIHUN——YOUERYUAN JIAOSHI SHIDE JIAOYU SHOUCE

中国农业出版社出版
地址：北京市朝阳区麦子店街 18 号楼
邮编：100125
责任编辑：孙利平　张　志
版式设计：王　晨　　责任校对：吴丽婷
印刷：北京中兴印刷有限公司
版次：2020 年 10 月第 1 版
印次：2024 年 11 月北京第 3 次印刷
发行：新华书店北京发行所
开本：700mm×1000mm　1/16
印张：7.5
字数：144 千字
定价：28.00 元
